PSICOFONIA NA OBRA DE ANDRÉ LUIZ

Jacobson Sant'Ana Trovão

PSICOFONIA NA OBRA DE ANDRÉ LUIZ

FEB

Copyright © 2014 *by*
FEDERAÇÃO ESPÍRITA BRASILEIRA – FEB

1ª edição – 9ª impressão – 1 mil exemplares – 6/2025

ISBN 978-85-69452-78-2

Todos os direitos reservados. Nenhuma parte desta publicação pode ser reproduzida, armazenada ou transmitida, total ou parcialmente, por quaisquer métodos ou processos, sem autorização do detentor do *copyright*.

FEDERAÇÃO ESPÍRITA BRASILEIRA – FEB
SGAN 603 – Conjunto F – Avenida L2 Norte
70830-106 – Brasília (DF) – Brasil
www.febeditora.com.br
editorial@febnet.org.br
+55 61 2101 6161

Pedidos de livros à FEB
Comercial
Tel.: (61) 2101 6161 – comercial@febnet.org.br

Adquirindo esta obra, você está colaborando com as ações de assistência e promoção social da FEB e com o Movimento Espírita na divulgação do Evangelho de Jesus à luz do Espiritismo.

Dados Internacionais de Catalogação na Publicação (CIP)
(Federação Espírita Brasileira – Biblioteca de Obras Raras)

T862p   Trovão, Jacobson Sant'Ana, 1962–

            Psicofonia na obra de André Luiz / Jacobson Sant'Ana Trovão – 1. ed. – 9. imp. – Brasília: FEB, 2025.

            296 p.; 23 cm

            Inclui referências e índice geral

            ISBN 978-85-69452-78-2

            1. Luiz, André (Espírito). 2. Mediunidade. 3. Espiritismo. I. Federação Espírita Brasileira. II. Título.

CDD 133.9
CDU 133.7
CDE 30.03.01

> A boa mediunidade se forma lentamente, no estudo calmo, silencioso, recolhido, longe dos prazeres mundanos e do tumulto das paixões.
>
> (*No invisível*, Léon Denis)

Cada médium com sua mente.

Cada mente com os seus raios, personalizando observações e interpretações.

E, conforme os raios que arremessamos, erguer-se-nos-á o domicílio espiritual na onda de pensamentos a que nossas almas se afeiçoam.

Isso, em boa síntese, equivale ainda a repetir com Jesus:

— A cada qual segundo suas obras.

(Nos domínios da mediunidade, EMMANUEL)

SUMÁRIO

APRESENTAÇÃO 11
INTRODUÇÃO 15

1ª PARTE
ASPECTOS GERAIS DA MEDIUNIDADE

1 FORMAÇÃO DO MÉDIUM 23
2 SENSIBILIDADE MEDIÚNICA 25
3 FRACASSO DO MÉDIUM 29
4 DESVIO DO COMPROMISSO 33
5 MEDO 37
6 PERSONALISMO 43
7 GRUPOS SÉRIOS 47
8 APOIO DOS BONS ESPÍRITOS 51
9 SURGE O GUIA 57
10 ESTUDO 61
11 COMPANHIAS ESPIRITUAIS 65
12 ESTRATÉGIA PARA DESARTICULAR O GRUPO SÉRIO 71
13 FASCINAÇÃO 75

14 MISTIFICAÇÃO 79
    14.1 Mistificação e autenticidade 80

15 ANIMISMO 85
    15.1 Transe anímico e médium enfermo 88
    15.2 Simbiose entre animismo natural e fenômeno mediúnico ... 93
    15.3 Animismo e especialização mediúnica 94
    15.4 Recursos anímicos e ditado mediúnico 95

16 VAMPIRISMO 97

17 MÉDIUM ENFERMO 105

18 DESEJO DO DESENCARNADO DE SE COMUNICAR 109

19 EVOCAÇÃO 113

20 ESPECIALIZAÇÃO MEDIÚNICA 119

21 CAPACIDADE RECEPTIVA MEDIÚNICA 123

22 JOVEM E MEDIUNIDADE 129

2ª PARTE
TÉCNICA PSICOFÔNICA

23 VERDADEIRO DESENVOLVIMENTO MEDIÚNICO 135

24 FISIOLOGIA DA MEDIUNIDADE: EPÍFISE 141

25 LOBOS FRONTAIS 147

26 PROCESSO DA PSICOFONIA 153

27 CAPTAÇÃO DO PENSAMENTO DO COMUNICANTE 157

28 CIRCUITO MEDIÚNICO 161
    28.1 Resistência mediúnica 163
    28.2 Indutância mediúnica 164
    28.3 Capacitância mediúnica 165

29 SINTONIA 169

30 CONCENTRAÇÃO MENTAL E CONCENTRAÇÃO MEDIÚNICA 173
31 CONHECENDO O PACIENTE 177
    31.1 Manifestação mediúnica na casa do enfermo 179
32 SÍNDROME DO DIA DA SESSÃO MEDIÚNICA 181
33 PRÓDROMOS DO TRANSE 187
34 CENTRO DE FORÇA LARÍNGEO 193
35 TRANSE 199
    35.1 Manifestação de entidade elevada 203
36 PÓS-TRANSE 209
37 MÉDIUM CONSCIENTE 213
38 SONAMBULISMO E PSICOFONIA SONAMBÚLICA 219
    38.1 Sonambulismo e obsessão 224
39 DOUTRINADOR E INDUÇÃO MENTAL 229
40 AUTOCONTROLE 235
41 XENOGLOSSIA 241
42 REPERCUSSÃO DO TRANSE NO DESENCARNADO: A CRISE DO DESPERTAR 245
43 CONTINUIDADE DA TERAPIA DESOBSESSIVA 249
REFERÊNCIAS 255
ÍNDICE GERAL 263

APRESENTAÇÃO

À medida que o espírita adquire a compreensão de que a mediunidade é uma faculdade psíquica inerente ao ser humano, que se expressa em graus e tipos, passa a identificá-la como um dos instrumentos de aperfeiçoamento espiritual disponibilizado pelo Criador aos seus filhos.

A mediunidade em si, segundo a interpretação espírita, não se limita ao intercâmbio com os Espíritos despojados do corpo físico e que se encontram em outra dimensão da vida, denominada Plano Espiritual. A faculdade mediúnica, na verdade, extrapola os meros recursos instrumentais da comunicação. Primeiro, porque se trata de um processo de sintonia e intercâmbio mental estabelecido entre Espíritos portadores de diferentes aquisições evolutivas, morais e intelectuais; segundo, porque, citando André Luiz, a

> mediunidade não basta só por si. É imprescindível saber que tipo de onda mental assimilamos para conhecer da qualidade de nosso trabalho e ajuizar de nossa direção [...].[1]

---

[1] XAVIER, Francisco Cândido. *Nos domínios da mediunidade*. Pelo Espírito André Luiz. Cap. 1, 1. ed. especial, 4. imp. Rio de Janeiro: FEB, 2010.

São tais abordagens que Jacobson Sant'ana Trovão, caro amigo e dedicado espírita, desenvolve neste livro, ora publicado pela Federação Espírita Brasileira.

Nesta obra, o autor realizou atento e reflexivo estudo do tema *psicofonia*, transmitidos pelo orientador André Luiz, por meio da mediunidade do saudoso Francisco Cândido Xavier. E, como é natural em análises semelhantes, estendeu a sua pesquisa a outros escritores espíritas confiáveis, com o intuito de demonstrar a relevância do assunto — afinal, a psicofonia é a mediunidade mais comum entre os grupos mediúnicos espíritas — e, também, pôr em evidência a coerência dos ensinamentos de André Luiz.

Este livro está dividido em duas partes:

a) *Aspectos gerais da prática mediúnica* – trata-se de oportunos esclarecimentos destinados a todos os médiuns, independentemente de serem portadores ou não de faculdade mediúnica ativa;

b) *Técnica psicofônica* – faz-se apurado estudo da mediunidade de psicofonia, com base em André Luiz, sintetizado em 21 tópicos (alguns se encontram subdivididos), que descortinam a riqueza e a beleza da psicofonia.

Vale a pena conferir!

Um ponto digno de nota é que, em nenhum momento, Jacobson revela preocupação em apontar equívocos ou distorções da prática mediúnica usual do Centro Espírita. Ao contrário, educado e sensível, age como sempre fazem os bons educadores: procura focalizar o lado positivo do aprendizado.

Enfim, caberá ao leitor, em última instância, discernir a respeito do valor do livro. Mas, de nossa parte, concluímos que esta obra reflete as seguintes palavras do sábio Alexandre, um dos ministros da colônia espiritual Nosso Lar, ao tecer considerações a respeito do trabalho dos médiuns:

> [O] [...] problema da glória mediúnica não consiste em ser instrumento de determinadas Inteligências, mas em ser instrumento fiel da Divindade. Para que a alma encarnada efetue semelhante conquista, é indispensável desenvolva os seus próprios princípios divinos. A bolota é o carvalho potencial. O punhado de sementes minúsculas é o trigal de amanhã. O germe insignificante será, em breves dias, a ave poderosa cortando amplidões.
>
> [...]
>
> Mediunidade [...] constitui "meio de comunicação", e o próprio Jesus nos afirma: "Eu sou a porta... Se alguém entrar por mim será salvo e entrará, sairá e achará pastagens!" Por que audácia incompreensível imaginais a realização sublime sem vos afeiçoardes ao Espírito de Verdade, que é o próprio Senhor? Ouvi-me, irmãos meus!... Se vos dispondes ao serviço divino, não há outro caminho senão Ele, que detém a infinita luz da verdade e a fonte inesgotável da Vida! [...].[2]

Marta Antunes de Oliveira de Moura
Vice-Presidente da Federação Espírita Brasileira
Brasília (DF), 10 de julho de 2014.

---

[2] XAVIER, Francisco Cândido. *Missionários da luz.* Pelo Espírito André Luiz. Cap. 9. 45. ed. 1. imp. Brasília: FEB, 2013.

INTRODUÇÃO

A série de André Luiz — catorze livros pesquisados — constitui um rico manancial de conhecimentos que, por muito tempo, há de ser analisado e debatido, aplicado e vivenciado.

No trabalho desse nobre Espírito, vemos claramente o projeto idealizado pelo Plano Superior, coordenado por Emmanuel e Bezerra de Menezes, que Chico Xavier e Waldo Vieira[3] tiveram a elevação e dedicação de trazer ao mundo físico, com fidelidade excepcional.

Nesses livros, o que mais se destaca é a forma didática utilizada pelos seus organizadores na dimensão espiritual, isto é, a forma romanceada, que permite ao grande público apreender conceitos da maior importância, cada qual assimilando conforme a própria possibilidade.

De todos os assuntos tratados na série de André Luiz, destacamos a *psicofonia* ou *mediunidade de incorporação* ou, ainda, na clássica definição de Allan Kardec, *mediunidade falante*, por ser o tipo de mediunidade que mais se popularizou, sendo exercida pela maioria dos médiuns, constituindo motivo de largos debates e questionamentos.

---
[3] Nota do autor: Dos livros de André Luiz pesquisados, cinco são em parceria com o médium Waldo Vieira.

Nos livros pesquisados, o autor espiritual analisa aspectos diferentes dessa mediunidade, apreciando sua formação, processo e resultados.

O presente estudo, sem qualquer pretensão de esgotar o tema, visa sistematizá-lo, uma vez que é tratado, direta ou indiretamente, em quase todos os livros da série, buscando, assim, contribuir para a pesquisa e a compreensão de um fenômeno que afeta a todos: o intercâmbio com o Mundo Espiritual e suas consequências intelectuais e morais.

Utilizamos, no decorrer dos capítulos, indistintamente, as expressões *incorporação* e *psicofonia*, ambas adotadas nos livros de André Luiz.

No meio espírita, o termo *incorporação* aos poucos vem sendo substituído por *psicofonia*. Arnaldo Rocha, companheiro de Chico Xavier por vários anos em reuniões de desobsessão, no livro *Chico Xavier, mandato de amor*, esclarece como a palavra passou a ser utilizada:

> Chico e eu nos envolvemos na luta de escolher para o livro um título adequado. E conforme orientações espirituais, concluí que era meu dever definir, sem ambiguidade, o formato das instruções. Não gostara da classificação "Mediunidade de Incorporação". Achei-a imprópria e feia! Passei a procurar, então, uma designação melhor.
>
> Recordando-me de um livro publicado por Diaulas Riedel, intitulado *Instruções práticas sobre as manifestações espíritas,* pude encontrar, no setor "Vocabulário Espírita", à página 39, a seguinte definição: — Psicofonia — do grego *Psike*, alma, *Phone*, som ou voz; transmissão do pensamento dos Espíritos pela voz do médium falante.

> Naquelas palavras estava o fio que me conduziu ao título definitivo: Instruções Psicofônicas [...].[4]

Tem-se por mais adequada a locução *médium psicofônico*, já que melhor expressa o evento que ocorre durante o transe mediúnico.

A primitiva denominação de Allan Kardec, *médium falante*, caiu, infelizmente, em desuso.

Interessante compulsarmos, também, algumas informações sobre André Luiz, personalidade enigmática, acerca da qual até hoje giram os maiores mistérios. Sabe-se que foi médico no Rio de Janeiro, conforme narrado por ele mesmo, via Chico Xavier, em *Nosso Lar*:

> Manifestamo-nos, junto a vós outros, no anonimato que obedece à caridade fraternal.[5]

> Tivera [...] esposa e filhos [...].[6]

> Médico extremamente arraigado ao negativismo da minha geração [...].[7]

Chico Xavier nunca revelou a identidade desse Espírito tão respeitado pelo conjunto de sua obra.

Sobre os primeiros contatos de Chico Xavier com André Luiz, encontramos no livro *Voltei*:

> — Não julgue que André Luiz haja alcançado a iniciação de improviso. Sofreu muito nas esferas purificadoras e frequentou-nos a tarefa durante setecentos dias consecutivos, afinando-se com a instrumentalidade. Além disso, o esforço dele

---

[4] UNIÃO ESPÍRITA MINEIRA. *Chico Xavier: mandato de amor*. Cap. 1, it. "Instruções Psicofônicas".
[5] XAVIER, Francisco Cândido. *Nosso lar*. "Mensagem de André Luiz".
[6] Ibid. Cap. 1.
[7] Ibid. Cap. 2.

é impessoal e reflete a cooperação indireta de muitos benfeitores nossos que respiram em esferas mais elevadas.[8]

No livro *Entrevistas*, Chico Xavier narra com mais detalhes sua convivência com o médico espiritual e as regiões espirituais que descreveu:

> Eu não posso transferir a minha certeza àqueles que me ouvem, mas posso dizer que, em 1943, quando o Espírito André Luiz começou a escrever por nosso intermédio, senti grande estranheza com o que ele ditava e escrevia.
>
> Certa noite, tomadas as providências necessárias, segundo a orientação de Emmanuel, ele próprio e André Luiz me levaram a determinada parte, a determinado bairro da cidade de "Nosso Lar". Posso dizer que fui em desdobramento espiritual na chamada zona hospitalar da cidade.[9]

Suely Caldas Schubert, dedicada pesquisadora em nosso meio, reproduz em seu livro *Testemunhos de Chico Xavier* importante trecho de uma carta enviada por Chico ao então presidente da FEB, Wantuil de Freitas, em que informa a supervisão da obra de André Luiz por elevadas entidades, dentre as quais se destacam Emmanuel e Bezerra de Menezes:

> Desde então, vejo que o esforço de Emmanuel e de outros amigos nossos concentrou-se nele, acreditando, intimamente, que André Luiz está representando um círculo talvez vasto de entidades superiores. Assim digo porque, quando estava psicografando o *Missionários da luz*, houve um dia em que o trabalho se interrompeu.

---

[8] XAVIER, Francisco Cândido. *Voltei*. Cap. 1.

[9] Id. *Entrevistas*, it. 9.

> Levou vários dias parado. Depois, informou-me Emmanuel, quando o trabalho teve reinício, que haviam sido realizadas algumas reuniões para o exame de certas teses que André Luiz deveria ou poderia apresentar ou não no livro. Em psicografando o capítulo *Reencarnação*, do mesmo trabalho, por mais de uma vez, vi Emmanuel e Bezerra de Menezes, associados ao autor, fiscalizando ou amparando o trabalho.[10]

Temos, portanto, nos livros de André Luiz, extraordinário material que merece atenção, visando ao nosso próprio crescimento espiritual.

O presente livro é um convite para estudar a mais valiosa obra de revelações do Mundo Espiritual e de suas relações com o mundo físico. E, com isso, adquirir-se a consciência de que somente o estudo nos dará a segurança para bem servimos ao próximo pela mediunidade com Jesus.

Afinal, assumir o serviço na mediunidade é carregar a cruz,[11] na visão crística, daquele que deseja ser discípulo do Mestre de Amor. É comum denominar-se "cruz" o que se constitui dever reencarnatório, qual seja suportar o parente difícil, a doença incurável, o problema atroz. No entanto, esses não são nossas cruzes, mas credores que nos pedem carinho e compreensão, na quitação da dívida que contraímos com eles. Nos dizeres do Espírito Marinho,[12] carregar a cruz do Cristo é assumir espontaneamente encargos a favor do próximo, além das obrigações cotidianas, renunciando para servir num ideal de caridade. Sustentar a cruz do Cristo é fazer mais do que a vida pede. E é no silên-

---

[10] SCHUBERT, Suely Caldas. *Testemunhos de Chico Xavier*. Carta de 12 out. 1946.
[11] LUCAS, 14:27.
[12] TROVÃO, Jacobson Sant'Ana. *ABC da juventude*. Cap. "União".

cio do trabalho, exercitando amor e dedicação ao sofredor dos dois planos da vida, pela mediunidade, que seguiremos os passos de Jesus, encontrando o seu discipulado.

Goiânia (GO), agosto de 2013.

1ª PARTE
ASPECTOS GERAIS DA MEDIUNIDADE

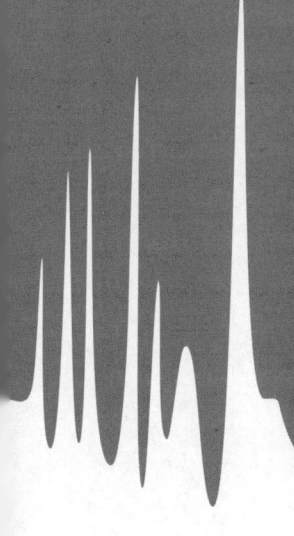

1 FORMAÇÃO DO MÉDIUM

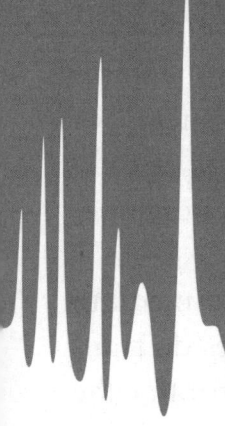

Preparei-me, então, durante trinta anos consecutivos, para voltar à Terra em tarefa mediúnica, desejoso de saldar minhas contas e elevar-me alguma coisa. [13]

André Luiz, no trecho acima, define o objetivo da encarnação da maioria dos médiuns: saldar dívidas do passado e atingir a elevação espiritual. Excetuando-se os médiuns que reencarnam em tarefa missionária, junto a um grupo de pessoas ou a uma coletividade, praticamente todos os médiuns encarnados assumem obrigações junto aos Espíritos elevados, segundo a necessidade de resgate de débitos, às vezes graves, advindos de um pretérito complexo.

Reconhecer a importância da atual encarnação como oportunidade de crescimento pessoal pelo serviço na mediunidade é, sem dúvida, a grande reflexão a que se deve ater todo medianeiro.

Comumente encontramos médiuns que se recusam a abraçar com dedicação o compromisso que fizeram perante os luminares que lhes tutelaram a presente jornada na Terra, agravando os débitos já contraídos e candidatando-se a maiores expiações.

---

[13] XAVIER, Francisco Cândido. *Os mensageiros*. Cap. 7.

Muitos alegam que a vida de renúncia que a mediunidade com Jesus impõe é superior às forças que possuem. No entanto, o longo preparo anterior à reencarnação, que todo médium recebe, dá-lhe perfeitas condições para o desempenho da tarefa.

É essa preparação que estrutura a psiquê do médium para a percepção metafísica; que lhe dá condições de transitar pelos dois planos da existência, de forma natural; e lhe fornece um arcabouço físico capaz de suportar os embates fluídicos que o exercício mediúnico enseja, preservando-lhe a saúde física e emocional.

Destaca-se, no excerto em apreciação, o tempo de preparo do médium no Plano Espiritual. No caso, trinta anos. Obviamente, como cada pessoa é dotada de potencial mediúnico próprio, esse tempo variará segundo a necessidade individual, em face do nível de trabalho a ser desenvolvido.

André Luiz não chega a descrever qual a natureza do preparo mencionado, mas, como o perispírito é o ponto de contato para a ocorrência do fenômeno, se a pretensão é adequar os recursos psíquicos para o exercício da mediunidade, a intervenção, por certo, atingirá o corpo espiritual, tendo como contraponto fisiológico o córtex cerebral, os centros de memória, a visão, a audição, o sistema límbico, o timo, os lobos frontais, as glândulas de secreção endógena, tais como hipófise e epífise e outros, conforme o projeto reencarnatório do médium.

Portanto, estar dotado de mente mediúnica é possuir um crédito da mais séria relevância, do qual dará conta o indivíduo diante dos Desígnios Divinos, que lhe oferecem ensejo de reajustar-se perante a Lei maior, nesse caridoso serviço ao próximo.

2 SENSIBILIDADE MEDIÚNICA

Minha tarefa mediúnica exigia sensibilidade mais apurada e, quando me comprometi à execução do serviço, fui ao Ministério do Esclarecimento, onde me aplicaram tratamento especial, que me aguçou as percepções.[14]

Cada médium terá suas percepções sensoriais dilatadas, em tratamentos especiais antes da encarnação, conforme a mediunidade a ser exercida — é o que nos informa André Luiz.

Segundo se depreende desse informe, o tratamento mencionado ocorre na estrutura perispiritual do médium, que será alterada com a ampliação dos recursos psíquicos, quais sejam: intuição clara, facilidade de recordação de existências pregressas e dos compromissos assumidos antes da atual encarnação, vidência, audiência, possibilidade de diálogo mental com os desencarnados, fluência na fala, entre outros. Esses recursos se projetarão no corpo físico, em forma de sensibilidade mais apurada que o comum, condicionando o indivíduo ao contato natural e espontâneo com os desencarnados. O cérebro material, por si só, é incapaz de ensejar tal conexão.

Embora todas as pessoas possam manter relações mentais com os desencarnados, e isso se comprova pelos

---

[14] XAVIER, Francisco Cândido. *Os mensageiros*. Cap. 10.

processos intuitivos, a mediunidade produtiva se manifesta de forma mais evidente naqueles compromissados com o intercâmbio espiritual, em virtude do preparo anterior ao nascimento.

Sabemos que a mediunidade varia de pessoa a pessoa, o que indica que os procedimentos dos encarregados da estruturação físico-mental dos médiuns são individuais, consoante a tarefa a ser desempenhada.

O tratamento recebido atinge a emoção do médium e aumenta sua sensibilidade a lugares, objetos, pessoas e determinados assuntos, afetando-lhe a forma de reagir às situações do dia a dia. Em razão disso, o médium necessita de uma constante vigília dos pensamentos e das emoções.

A mediunidade é campo de reajuste pessoal e a sensibilidade apurada será um limitador, impondo, por vezes, severos regimes ao médium, sob pena de desequilíbrios graves. Afinal, possuir um arcabouço psíquico apto a contatar correntemente com os desencarnados e não se preparar para acolher as sintonias elevadas é lançar-se em tumultuado oceano de emoções, sensações e pensamentos de baixo teor.

Disciplina, renúncia e cuidadoso controle mental são formas de autodomínio da sensibilidade e fonte de proteção para o médium.

A prática constante da mediunidade com Jesus harmoniza o médium, pois a mente-médium, ao ajustar-se à mente-comunicante, cria um fluxo elétrico-químico salutar no cérebro de ambos, com liberação de endorfinas causadoras de bem-estar — a exemplo da serenidade que ocorre logo após o transe — e que pode perdurar por horas.

Mesmo na ocorrência da manifestação de obsessores ou enfermos desencarnados, o benefício ao médium é inconteste, desde que este assegure o equilíbrio pessoal no serviço de caridade que presta. Nesse caso, cessado o transe, os orientadores espirituais recompõem o medianeiro, transfundindo-lhe sadia emissão fluídica.

Assim, não convém malbaratar a oportunidade da encarnação na condição de médium, pois toda uma equipe de Espíritos técnicos no aguçamento dos sentidos se envolveu na empreitada, confiando no êxito do indivíduo. Por tal confiança, dar-se-ão contas.

3 FRACASSO DO MÉDIUM

Como vê, realizei todos os meus condenáveis desejos, menos os desejos de Deus. Foi por isso que fali, agravando antigos débitos...[15]

André Luiz colhe a reflexão acima num importante encontro que teve com médiuns desencarnados na colônia Nosso Lar, que fracassaram no desempenho da tarefa assumida.

O autor espiritual destaca um dos motivos de falência de boa parte dos médiuns: atender a desejos pessoais, em detrimento dos deveres mediúnicos.

O desejo tem sido motivo de estudos e reflexões em diversos segmentos religiosos.

No Budismo, tem-se que o desejo das satisfações físicas impede o desenvolvimento da espiritualidade. No *Bhagavad-Gita*, o desejo dos prazeres é o grande inimigo, contra o qual se deve pôr em batalha permanente. Carlos Torres Pastorino, nessa esteira, em seu *Sabedoria do evangelho*,[16] dá uma singular interpretação à lição do Cristo, anotada em *Lucas,* 14:26: "Se alguém vem a mim e não odeia a seu pai e a sua mãe, a sua mulher e a seus filhos, a seus irmãos e irmãs, mesmo a sua própria vida, não pode

---

[15] XAVIER, Francisco Cândido. *Os mensageiros*. Cap. 7.
[16] PASTORINO, Carlos Torres. *Sabedoria do evangelho*. v. 6, cap. "Ser discípulo".

ser meu discípulo." Ele sustenta que tais parentes simbolizam nossos vícios, apegos e desejos inferiores da personalidade, verdadeiros familiares que habitam o inconsciente mais profundo, que a todo custo deve-se abandonar, em luta permanente.

Já Emmanuel ensina:

> Indispensável cultivar a renúncia aos pequenos desejos que nos são peculiares, a fim de conquistarmos a capacidade de sacrifício, que nos estruturará a sublimação em mais altos níveis.[17]

O mesmo autor, no livro *Estude e viva*, orienta que o médium não pode dar-se a tudo querer e a tudo fazer:

> Admitido a construções de ordem superior, o médium é convidado ao discernimento e à disciplina, para que se lhe aclarem e aprimorem as faculdades, cabendo-lhe afastar-se do "tudo querer" e do "tudo fazer" a que somos impelidos, nós todos, quando imaturos na vida, pelos que se afazem à rebeldia e à perturbação.[18]

Cabe, dessa forma, ao médium avaliar a qualidade de seus desejos e a cota de renúncia que tem dedicado ao labor mediúnico.

Lembremos que o desejo dos sentidos é insaciável.

Alberto Seabra, pela psicofonia de Chico Xavier, afirma: "O desejo é o ímã da vida. Desejando, sentimos e, pelo sentimento, nossa alma assimila o que procura e transmite o que recebe".[19]

---

[17] XAVIER, Francisco Cândido. *Fonte viva*. Cap. 163.
[18] Id. *Estude e viva*. Cap. 37.
[19] Id. *Vozes do grande além*. Cap. "A reflexão mental".

Com efeito, somente sacrificando o desejo inferior pela vontade firme, buscando o "desejo de Deus", o médium tem condições de aspirar ao contato com as grandes almas, nas manifestações sublimes da mediunidade com Jesus.

Justo recordarmos um trecho de belo poema de Augusto dos Anjos, inserto em *Parnaso de além-túmulo*, de Francisco Cândido Xavier, abordando o desejo e a vontade:

Aos fracos da vontade

Homem, levanta o véu do teu futuro,
Troca o prazer sensualista e obscuro
Pelo conhecimento da verdade.
Foge do escuro ergástulo do mundo
E abandona o Desejo moribundo
Pelo poder da tua divindade.

Teu corpo é todo um orbe grande e vasto:

Livra-o do mal onífero, nefasto,
Com a espada resplendente da virtude;
Que o sol da tua mente, eterno, esplenda,
Dando a teu mundo a mágica oferenda
Da alegria em divina plenitude.[20]

---

[20] XAVIER, Francisco Cândido. *Parnaso de além-túmulo*. Cap. "Augusto dos Anjos".

4 DESVIO DO COMPROMISSO

Transformei a mediunidade em fonte de palpites materiais e baixos avisos. [21]

Seguindo a análise dos motivos que levam o médium ao fracasso na tarefa do bem, André Luiz aponta um dos mais graves: a transformação da mediunidade em foco de orientações fúteis, banais e sem cunho evangélico.

Consulentes existem que a todo tempo visitam médiuns, buscando a solução para problemas de ordem material. Pretendem o encaminhamento ao emprego profissional, a resposta à decepção amorosa, a revelação das atitudes ocultas do próximo, entre outros. Muitas vezes, tais pessoas exigem dos Espíritos respostas para a vida sem problemas tão somente para permanecer nos vícios que cultivam.

Se o médium deixa-se envolver por pedidos de natureza inferior feitos, às vezes, de forma melíflua e não tem coragem ou energia para deles se furtar, quando finalmente perceber, estará orientando todos sobre tudo, demonstrando invigilância e despreparo para a tarefa assumida. O medianeiro não deve cair nessas armadilhas das trevas.

Com o tempo, caso o médium se mantenha distante dos preceitos evangélicos, os Espíritos elevados, respeitando-lhe o livre-arbítrio, aos poucos se afastam, por falta de

---

[21] XAVIER, Francisco Cândido. *Os mensageiros*. Cap. 8.

boa sintonia, abrindo campo aos Espíritos malignos, que passam a comandá-lo. Nessa situação é comum os obsessores intuírem o médium a dar orientações corretas aqui e acolá, mesmo as banais, para mais facilmente avançarem no processo de fascinação.

Em *O livro dos médiuns*, temos um importante estudo feito por Allan Kardec acerca das perguntas convenientes e das inconvenientes que se podem fazer aos Espíritos. Da profunda análise do Mestre de Lyon, destacamos:

> Não se segue daí que dos Espíritos não se possam obter úteis esclarecimentos e, sobretudo, bons conselhos; eles, porém, respondem mais ou menos bem, conforme os conhecimentos que possuem, o interesse que nos têm, a afeição que nos dedicam e, finalmente, o fim a que nos propomos e a utilidade que vejam no que lhes pedimos.[22]

O médium, se abordado com indagações frívolas, deve esquivar-se, sempre indicando o Evangelho de Jesus como melhor guia para os dramas humanos.

André Luiz revela, no Capítulo 8 do livro *Os mensageiros*, a situação espiritual de determinado médium que se envolveu em orientações fúteis e que, após a desencarnação, sofreu os reflexos da conduta desequilibrada:

> — Mas a morte chegou, meus amigos, e arrancou-me a fantasia — prosseguiu mais grave. Desde o instante da grande transição, a ronda escura dos consulentes criminosos, que me haviam precedido no túmulo, rodeou-me a reclamar palpites e orientações de natureza inferior. Queriam notícias de cúmplices encarnados, de

---

[22] KARDEC, Allan. *O livro dos médiuns*. Cap. XXVI, it. 286.

resultados comerciais, de soluções atinentes a ligações clandestinas.

Gritei, chorei, implorei, mas estava algemado a eles por sinistros elos mentais, em virtude da imprevidência na defesa do meu próprio patrimônio espiritual. Durante onze anos consecutivos, expiei a falta, entre eles, entre o remorso e a amargura.[23]

Não raro os consulentes seguem o médium incauto depois da desencarnação, para atormentá-lo, pedindo, quando na condição de Espíritos libertos, informações não mais do "mundo dos mortos", mas dos "vivos na carne", tornando-se típicos obsessores no Mundo Espiritual.

Servir na mediunidade com Jesus implica em conduta ética da mais elevada ordem — ética espírita-cristã, que o mundo começa a conhecer. São as formas de proceder, de agir e de reagir dos Espíritos de luz que, aos poucos, se materializam em nosso meio, por intermédio de lições como as de André Luiz, enraizadas nas obras da Codificação Kardequiana.

O médium que pretenda servir na causa do bem deve elevar-se e fazer evolver aqueles que dele se aproximam, pelo exemplo e conhecimento superiores.

---

[23] XAVIER, Francisco Cândido. *Os mensageiros*. Cap. 8.

5 MEDO

Apenas o medo, minha amiga — explicou-se a interpelada —, tive medo de tudo e de todos. Foi o meu grande mal. [24]

Destacamos de André Luiz a referência ao medo como um grande complicador do serviço mediúnico. Acima, temos um fragmento do diálogo a que assistiu entre duas médiuns desencarnadas recolhidas na colônia Nosso Lar, em torno do temor de servir na mediunidade que uma delas cultivou durante toda a sua última existência na Terra.

Ao registrar o medo como causa de abandono da prática mediúnica, André Luiz identifica um tipo de fobia social, que se caracteriza pelo receio do indivíduo de ser julgado pelas outras pessoas, de ser humilhado, de ficar envergonhado, de perder o domínio de si ou simplesmente pelo temor do desconhecido.

O medo é um mecanismo natural de preservação. Mas o medo em excesso neutraliza ações específicas ou mesmo toda a vida relacional do ser.

Quando estamos numa situação de perigo, o sentimento de medo indica que o corpo se preparou para correr ou enfrentar. Esse sentimento, no contexto evolutivo, retirou a Humanidade das cavernas, trazendo-a ao tempo presente. Sem isso, haveria temeridade, ou seja, a inconsciência do risco, e a espécie não se preservaria.

---

[24] XAVIER, Francisco Cândido. *Os mensageiros*. Cap. 9.

O descontrole do sentimento do medo é denominado *fobia* pela Psicologia e pela Psiquiatria e está associado a patologias mentais como pânico, ansiedade, psicoses e neuroses.

Estudos apontam que o medo, ligado ao instinto de conservação, não se manifesta imediatamente nos primeiros anos de vida. Por isso, a criança corre atrás da bola numa avenida movimentada ou sobe no parapeito de uma janela, sem consciência do perigo.

Dessa forma, depreende-se que o medo é aprendido e está vinculado a um método educacional. Comumente se infunde o medo de forma negativa, criando imagens que, não raro, acompanham o indivíduo por toda a vida, a exemplo do que diversos pais dizem aos filhos: "Não vá lá fora, senão o bicho te pega", "Olha o papão" e outros.

O mesmo ocorre com a religião. Em muitos credos, o adepto é conduzido pelo medo da "ira divina", de ser tomado por "demônios", fato bastante conhecido desde os tempos de Kardec, que alude ao tema na Introdução de *O livro dos espíritos* da seguinte forma:

> Cumpre também colocar entre as causas da loucura o pavor, sendo que o do diabo já desequilibrou mais de um cérebro. Quantas vítimas não têm feito os que abalam imaginações fracas com esse quadro, que cada vez mais pavoroso se esforçam por tornar, mediante horríveis pormenores? O diabo, dizem, só mete medo a crianças, é um freio para fazê-las ajuizadas. Sim, é, do mesmo modo que o papão e o lobisomem. Quando, porém, elas deixam de ter medo, estão piores do que dantes. E, para alcançar-se tão belo resultado, não se levam em conta as inúmeras epilepsias causadas pelo abalo de cérebros delicados.

> Bem frágil seria a religião se, por não infundir terror, sua força pudesse ficar comprometida. Felizmente, assim não é. De outros meios dispõe ela para atuar sobre as almas. Mais eficazes e mais sérios são os que o Espiritismo lhe faculta, desde que ela os saiba utilizar. Ele mostra a realidade das coisas e só com isso neutraliza os funestos efeitos de um temor exagerado.[25]

No texto acima vemos que a Medicina da Europa do século XIX já relacionava o aprendizado negativo do medo com distonias mentais, em especial nas pessoas suscetíveis.

Feita essa breve digressão, compreenderemos por que a mediunidade, a sensação da presença dos Espíritos, a captação premonitória ou mesmo o Espiritismo são causas de medo para muitas pessoas: desconhecimento do que é a Doutrina Espírita ou educação errônea.

Se o médium não estuda ou se recebeu a informação, sobretudo na infância, de que o Espiritismo é coisa do maligno e causa desordem mental, poderá desenvolver temor incontrolável. Assim, conquanto esteja gravado no seu inconsciente o compromisso com a mediunidade, dificilmente assumirá a tarefa.

Uma experiência pessoal frustrada, como assistir a uma sessão mediúnica não espírita ou sem caráter evangélico, causará medo em pessoas mais sensíveis e despreparadas, afastando-as do ambiente verdadeiramente espírita.

O medo pode ser conscientemente superado.

O receio que Espíritos têm de adoecer, do transe mediúnico, de errar na transmissão de mensagens advém da falta de conhecimento do mecanismo de intercâmbio espiritual, superável pelo estudo.

---

[25] KARDEC, Allan. *O livro dos espíritos*, Introdução, it. XV.

Há de se considerar, também, a possibilidade de o medo ser um sintoma de manifesta obsessão, já que essa é uma das táticas utilizadas pelos Espíritos perturbadores para dominar o indivíduo. Nesse caso, cumpre ao médium recolher-se a uma assistência desobsessiva, neutralizando a incursão negativa.

Existe outro tipo de medo que, igualmente, obstacula o desenvolvimento mediúnico: o medo da crítica. Comumente, vemos médiuns que não revelam suas percepções espirituais, colhidas no curso das reuniões mediúnicas, com medo da opinião dos companheiros. Outros não conseguem progredir na psicografia com receio da crítica que pensam virão a sofrer.

Nesses casos, o grupo deve criar um ambiente de mútua confiança, em que o médium se sinta devidamente acolhido para externar suas impressões sem o medo da opinião desairosa. Isso se dá com a convivência fraterna e sincera amizade.

Quanto aos médiuns psicofônicos, é sabido que a grande maioria tem medo do animismo, crendo que tudo o que dizem provém de sua própria mente e não dos desencarnados.

Curiosamente, a única forma de diferenciar os pensamentos do médium dos do comunicante espiritual é o medianeiro permitir livremente o transe, sem autocensura e, durante a avaliação geral que normalmente ocorre ao término das sessões, receber os esclarecimentos necessários.

A propósito do medo do animismo,[26] há médiuns que desejariam estar inconscientes durante o transe para ter, dizem, maior segurança. Essa concepção constitui-se num verdadeiro mito na prática mediúnica.

André Luiz informa que os Espíritos dirigentes das sessões de desobsessão preferem encaminhar os obsessores

---

[26] Nota do autor: Ver capítulo 12, adiante.

mais renitentes ou aqueles com acentuada agitação a médiuns conscientes, pois estes têm condições de melhor auxiliar no controle do comunicante. Já a inconsciência total durante o fenômeno é ocorrência rara e não constitui condição para a qualidade da comunicação.

Em suma, pode-se vencer o medo pelo exercício da fé, do estudo, da humildade, da troca de experiências com companheiros veteranos no trato com os Espíritos.

Uma condição, porém, é preponderante na prática segura da mediunidade: a qualidade moral do indivíduo, pois esta atrai os bons Espíritos e afasta os maus. Na companhia de Espíritos de luz, não há por que temer as trevas.

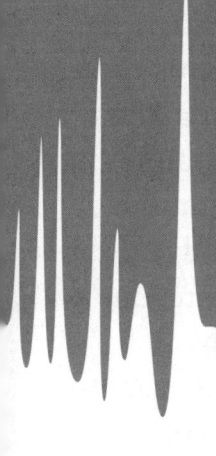

6 PERSONALISMO

Enquanto um trabalhador da mediunidade empresta ouvidos a histórias que lhe lisonjeiem a esfera pessoal, disso fazendo condição para cooperar na obra do bem, quer dizer que ainda estima o personalismo inferior e o fenômeno, acima do serviço que lhe cabe no plano divino.[27]

Pela observação de André Luiz, um grande inimigo do médium é o personalismo, que o afasta do serviço com o plano divino.

Quando João, o Batista, pronunciou as inolvidáveis palavras: "É necessário que ele cresça e que eu diminua",[28] referindo-se a Jesus, deu a todos os seguidores da Boa-Nova a exata dimensão da relação do discípulo com o Mestre e sua obra.

"Não é o servo maior que seu senhor",[29] menciona o apóstolo; contrariamente, o personalista estima-se, em detrimento do Mestre.

Enquanto o Cristo diz: "Eu e o Pai somos um",[30] o personalista reforça sua distância da unidade divina, preferindo a materialidade, desarmonizando-se e perdendo a paz.

A persona é a máscara que ilude os que a veem e os que a usam.

---

[27] XAVIER, Francisco Cândido. *Libertação*. Cap. 16.
[28] João, 3:30.
[29] João, 13:16.
[30] João, 30:10.

O personalista é aquele que valoriza os aspectos exteriores, sem preocupação com o cultivo de valores da alma.

O médium deve tudo fazer para evitar o destaque ou a autopromoção. Isso se consegue com sincera humildade e consciência de que todo fenômeno produtivo advém da vontade sábia de Espíritos elevados e, principalmente, que o resultado de todo trabalho no bem pertence a Jesus.

O servidor da mediunidade precisa permanecer sereno quando ouvir algum comentário favorável ao intercâmbio de que tenha participado. Nesses momentos, deve lembrar-se dos Espíritos que tudo programaram, coordenaram e realizaram. Ficar feliz por ter colaborado é natural, mas, por justiça, deve-se atribuir todo o crédito a eles. Jamais considerar-se privilegiado ou com dons especiais, imunizando-se, portanto, contra a vaidade. Em silêncio, agradecer a Deus e a Jesus pela oportunidade de resgatar débitos do passado, trabalhando no bem.

Esquivar-se de homenagens, cumprimentos enaltecedores, presentes ou vantagens pessoais é atitude positiva que constitui excelente exercício de humildade.

Evitar acreditar que tudo o que diz é a expressão dos guias espirituais, auxiliando os companheiros a ver que é pessoa com as mesmas lutas e dificuldades de todos e que, por esse motivo, não deve ser considerado mais que outrem.

Não alimentar nos demais a ideia do místico, do espetacular, ou que sua presença, por ser médium, por si só, eleva o ambiente aos planos de luz.

Quando em contato com os irmãos de crença, evitar narrativas de ordem pessoal que destaquem qualidades especiais, buscando ficar ao lado de todos com naturalidade.

Jamais supor-se infalível ou imune às obsessões.

Não se abater com observações desfavoráveis à sua pessoa. Quem consegue ouvir a crítica e seguir trabalhando demonstra maturidade emocional.

Lembremos que os Espíritos superiores estimam o médium que se dedica fielmente ao trabalho divino, na vontade firme de servir antes de ser servido. Com isso, afasta-se do personalismo, abrindo-se ao trabalho com os luminares da Espiritualidade.

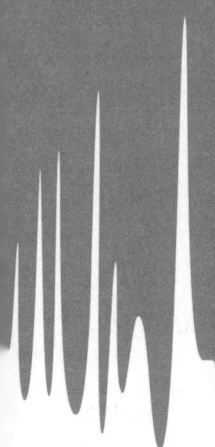

7 GRUPOS SÉRIOS

Sem companheiros encarnados que nos correspondam aos objetivos na ação santificante, como estabelecer a Espiritualidade superior na Crosta da Terra? Efetivamente, encontramos irmãos dispostos ao concurso fraternal, embora, forçoso é dizer, a maioria espere a mediunidade espetacular, a fim de cooperar conosco.[31]

Conforme destaca André Luiz, os Espíritos superiores, encarregados de estabelecer a Espiritualidade superior na Terra, contam com grupos sérios, responsáveis, estudiosos e sintonizados com o desejo de auxiliar o próximo, pois a mediunidade, sob a orientação do Espiritismo, é campo de assistência espiritual a benefício comum.

Grupo sério, na magna compreensão de Allan Kardec, exposta em *O livro dos médiuns*, é aquele que sistematicamente estuda, é perseverante, tem a experimentação mediúnica tão somente para a consolidação dos ensinos dos Espíritos e valiosa oportunidade de exercício da caridade para com os encarnados e desencarnados sofredores. Portanto, grupo sério é aquele que tem consciência do trabalho em equipe. E um grupo não se torna equipe apenas por se reunir semanalmente.

---

[31] XAVIER, Francisco Cândido. *Libertação*. Cap. 15.

O que identifica uma equipe é o desejo de cooperação mútua, o sentimento de fraternidade, a empatia, o cultivo do diálogo e a serenidade no trato de uns com os outros.

Na equipe afinada, qual orquestra, cada um tem sua função precípua, de imenso valor, sempre com destaque para o resultado final.

Em trabalho espírita, parte do grupo está fora do corpo físico: são os dirigentes espirituais, juntamente com seus colaboradores. Sem sintonia com eles, nada se faz.

A harmonia com os desencarnados elevados é resultado da confraternização entre os encarnados. Para tanto, alguns procedimentos são desejáveis como, por exemplo, não permitir comentários depreciativos na ausência do companheiro, evitar que conflitos se demorem, prenunciando rompimentos, não apontar erros dos outros, em julgamentos apressados, pois todos somos aprendizes. Recordemos que a crítica contundente distancia os corações.

É vital para o grupo o cultivo da paciência de uns para com os outros, permitindo que todas as opiniões sejam externadas. Mas não se melindrar, caso sua sugestão não seja acolhida. O melindre é indício de excessiva valorização pessoal em demonstração de orgulho.

Se um membro da equipe apresentar comportamento inadequado, é momento de aproximação, oração, esclarecimento solidário, pois o desajuste de um afeta toda a equipe, e o simples desligamento do médium não é a melhor solução.

Processos obsessivos sutis, que visam a desarticulação da equipe, principiam nos olhares de prevenção contra esse ou aquele, no ciúme que alguns desenvolvem da sensibilidade mediúnica de outros, nas divergências pessoais que não se esforçam por conciliar.

Trabalhar em equipe, no centro espírita, é recordar os tempos apostólicos, quando cada um carregava a sua cruz, para se tornar discípulo do Mestre Jesus. As equipes do presente deveriam espelhar-se na do tempo do Cristo, a qual se superou por um ideal: o de renovar pensamentos pela evangelização na sagrada alegria de servir.

8 APOIO DOS BONS ESPÍRITOS

Quando encontramos companheiros encarnados, entregues ao serviço com devotamento e bom ânimo, isentos de preocupação, de experiências malsãs e inquietações injustificáveis, mobilizamos grandes recursos a favor do êxito necessário. Claro que não podemos auxiliar atividades infantis, nesse terreno. [...] Onde se reúnam almas levianas, aí estará igualmente a leviandade.[32]

André Luiz, no trecho em destaque, alude às condições para a assistência efetiva dos Espíritos de mais elevada hierarquia: devotamento, bom ânimo, mente serena, vida sadia e reta.

Todo grupo mediúnico sério, obviamente, conta com a presença de bons Espíritos que estimulam os encarnados à melhoria pessoal e ao desenvolvimento das atividades a que se propõem, com segurança.

No entanto, somente o tempo, a dedicação desinteressada e o esforço na vivência evangélica conferem credencial à equipe, para aproximação das almas superiores e, com elas, poderem atender aos complexos dramas humanos.

Para tanto, existem fases ou etapas que todo grupo mediúnico precisa atravessar.

---

[32] XAVIER, Francisco Cândido. *Os mensageiros*. Cap. 43.

No início, etapa de adestramento da mediunidade, ocorrem os contatos rudimentares com o Plano Astral mais próximo à crosta terrestre, por meio de exercícios repetitivos de atenção e concentração, quando o médium psicofônico ou psicógrafo entremeia seus pensamentos com os dos desencarnados e, aos poucos, vai diferenciando-os, dando, com isso, qualidade e segurança à tarefa. Nesse período, o médium conta com a presença de entidades menos evoluídas, mas bondosas, que se aproximam para burilar as percepções extrassensoriais.

Os dirigentes espirituais do trabalho, de elevada condição, evitam ser identificados nessa fase, aguardando que, com o tempo, o grupo demonstre a dedicação e responsabilidade necessárias às atividades de vulto. Tais mentores poupam, igualmente, a equipe novata de graves embates com obsessores ardilosos, não colocando fardo acima das possibilidades dos encarnados.

O médium que inicia seu aprendizado deve buscar de imediato o equilíbrio pessoal, evitando, assim, que suas forças mediúnicas sejam solapadas por obsessores oportunistas, que ficam no encalço dos descuidados, visando obstacular a eclosão da mediunidade caridosa, capaz de atrapalhar seus planos maldosos.

Obsessões que se instalam em médiuns novatos podem evoluir de simples incômodo, perfeitamente solucionável pela mudança de sintonia, para a fascinação, que anula totalmente o progresso do médium.

Após a fase de adestramento, o período intermédio é mais ou menos longo, podendo avançar por mais de uma década. Nessa etapa, o médium e toda a equipe, mais aprimorada, sem as dúvidas iniciais, sem ansiedades por práticas exteriores, seguros no estudo, recebem a oportunidade de socorrer os sofredores dos dois planos da vida. É nesse período que se manifestam no grupo os suicidas, os licantropos, os obsessores vingativos e tantos outros, conforme a aptidão do grupo.

Nesse intervalo, também, como forma de estímulo, manifestam-se Espíritos amigos, os familiares, o mentor do grupo, demonstrando que está havendo sintonia mais aprimorada com o astral elevado.

Contudo, nessa mesma etapa de trabalho, a equipe passa a ser observada por líderes de falanges obsessoras, que comumente tentam um e outro, visando complicar-lhes os passos na vida pessoal, emocional, familiar, com o intuito de impedir a continuidade do trabalho que passa a se destacar no mundo dos Espíritos, a interferir nas articulações desses Espíritos perseguidores.

A terceira fase é a de maturidade do grupo mediúnico, que se atinge após quinze a vinte anos de atividades ininterruptas e acentuada dedicação ao autoaperfeiçoamento dos componentes. Isso se deduz da comparação feita por Emmanuel, no livro *Mediunidade e sintonia*, em seu capítulo 14. Na visão do grande mentor, a preparação do médium para o atendimento aos dramas humanos demanda o mesmo tempo de formação acadêmica para a assunção das responsabilidades profissionais. Segundo ele, o socorro à alma sofredora é tão importante quanto as exigências dos variados ramos do saber:

> Se uma certidão de competência no campo das profissões liberais da Terra exige do candidato, desde o abecedário à cúpula universitária, nada menos de quinze a vinte anos de preparação, a fim de que se lhe ajustem os centros mentais para o começo do trabalho a desenvolver, a que

título esperar que um médium se forme com segurança em poucos dias? Encarregar-se dos interesses espirituais dos outros, conduzi-los, harmonizá-los, elevá-los ou socorrê-los será menos importante que traçar uma planta para o levantamento de uma ponte ou para construção de uma casa?[33]

O grupo mediúnico, atingindo o efetivo amadurecimento, caracteriza-se pela completa dedicação dos tarefeiros à mediunidade em nome do Cristo. As preocupações do mundo já não deslustram o empenho em manter a mente serena o suficiente para captar as elevadas intuições vindas do Alto.

Em equipes assim é comum médiuns em desdobramento rumarem, com orientadores espirituais, às zonas umbralinas, aos hospitais ou a outras regiões do orbe, para assistir ou conduzir à sessão mediúnica enfermos encarnados ou desencarnados. Almas arraigadas a vinganças, por vezes seculares, em manifestações com alto teor magnético, entabulam diálogos complexos, cheios de ódio e ameaças, exigindo acentuado equilíbrio do médium e de toda a equipe para dissuadi-las de seus propósitos. Não raro, comunicam-se líderes de legiões obsessoras, com o intuito de criticar o serviço prestado pela casa espírita, exibindo um falso poder, em especial quando a equipe auxilia uma de suas vítimas. São ocasiões como essas que põem à prova a serenidade, a confiança, o amor, a fé e a compreensão daqueles que estão imbuídos da caridade em nome de Jesus e os estimulam a seguir adiante. A propósito, os principais dirigentes de colônias trevosas muito raramente se incorporam em médiuns

---

[33] XAVIER, Francisco Cândido. *Mediunidade e sintonia*. Cap. 14.

encarnados. Suas vibrações carregadas de energias deletérias poderiam adoecer o médium ou até levá-lo à desencarnação.

Importante ressaltar que, ao lado de serviços tão delicados, o grupo merece a presença dos luminares da Espiritualidade, que se permitem ser conhecidos e identificados, demonstrando sintonia perfeita com o trabalho. A essa altura, o grupo de encarnados já deve estar imune aos perigos do personalismo, do melindre, dos desejos pessoais. Mesmo assim, não pode descuidar-se do estudo, da humildade, da caridade, lembrando que a erva daninha prefere a terra boa.

9 SURGE O GUIA

Quando o médium se evidencia no serviço do bem, pela boa vontade, pelo estudo e pela compreensão das responsabilidades de que se encontra investido, recebe apoio mais imediato de amigo espiritual experiente e sábio, que passa a guiar-lhe a peregrinação na Terra, governando-lhe as forças.[34]

Se o médium que serve à causa do Cristo sofre perseguições por parte de desencarnados que combatem a luz na Terra, por outro lado, tem sempre o amparo e a proteção de almas elevadas que lhe sustentam a tarefa no bem. É o que se colhe do excerto acima.

A assistência ao próximo, a boa vontade, o estudo, a compreensão das responsabilidades conferem credibilidade ao médium perante a equipe espiritual superior e, com isso, ele passa a contar com a presença de um experiente protetor, que o orientará no exercício mediúnico.

Yvonne Pereira, na obra *Devassando o invisível*, menciona os testemunhos que enfrentou para ser admitida no serviço em nome do Cristo e servir sob a direção de Charles, Bezerra de Menezes, Léon Denis e outros luminares. Testemunhos, segundo ela, preparados por esses mesmos mentores, que visavam a seu aperfeiçoamento e resgate, ao

---

[34] XAVIER, Francisco Cândido. *Nos domínios da mediunidade*. Cap. 16.

mesmo tempo que a sensibilizavam para a tarefa que deveria desempenhar. Várias foram as dificuldades que teve de enfrentar, entre elas a carência financeira, a incompreensão da família, a ausência do casamento. Diz a inolvidável médium:

> Tais testemunhos foram admiravelmente dosados e seriados pelos Instrutores Espirituais, tal como se verifica nas provas em uso nos nossos institutos de ensino. Custaram-nos eles os testemunhos, uma vida inteira de atribulações e lágrimas, de sacrifícios, de desilusões e renúncias, e devemos confessar, aos que nos lerem, que, de todas as provas que tivemos de oferecer à Doutrina do Mestre, para poder ser admitida, como cooperadora, no corpo de servidores investidos de tarefas também no Invisível, a mais difícil, a mais penosa para nosso caráter ainda inferior, foi a do Perdão.
>
> Perdoar! Todavia, perdoar ofensas graves, conforme recomendam os ensinamentos do Senhor, como é difícil! [...][35]

Dessa forma, passado o período de demonstração de sua aptidão ao serviço desinteressado da mediunidade, período esse mais ou menos longo, um orientador elevado da Espiritualidade se revela aos sentidos mediúnicos, passando a encaminhar o medianeiro às atividades caridosas.

A sabedoria milenar dos hindus afirma: "Quando o discípulo está pronto, o mestre aparece".

Allan Kardec, em *O evangelho segundo o espiritismo*, cap. 28, fala do guia que todos temos, o anjo guardião que nos tutela a encarnação e com o qual estamos vinculados por elos desconhecidos, desde longa data. Esse Espírito

---

[35] PEREIRA, Yvonne A. *Devassando o invisível*. Cap. 7.

protetor permanece velado aos sentidos mediúnicos até o momento oportuno, obviamente para que o médium se esforce no trabalho da própria iluminação, evitando viciar a mente neófita:

> Todos temos, ligado a nós, desde o nosso nascimento, um Espírito bom, que nos tomou sob a sua proteção. Desempenha, junto de nós, a missão de um pai para com seu filho: a de nos conduzir pelo caminho do bem e do progresso, através das provações da vida. Sente-se feliz, quando correspondemos à sua solicitude; sofre, quando nos vê sucumbir.
>
> Seu nome pouco importa, pois bem pode dar-se que não tenha nome conhecido na Terra. Invocamo-lo, então, como nosso anjo guardião, nosso bom gênio. Podemos mesmo invocá-lo sob o nome de qualquer Espírito Superior, que mais viva e particular simpatia nos inspire.[36]

A partir do momento em que o orientador espiritual do médium se lhe associa mais intimamente, visando à atuação efetiva nas atividades de intercâmbio, a benefício do próximo, um circuito magnético é formado e então o médium passa a assimilar com maior clareza os pensamentos do mentor. Muito comum o médium, durante o sono, receber orientações do Espírito protetor e, em estado de vigília, reproduzir tais orientações, qual comando hipnótico positivo. Esclarece André Luiz:

> É o estado de permuta magnética aperfeiçoada, em que o passivo, na hipnose ou na vigília, transmite com facilidade as determinações e

---

[36] KARDEC, Allan. *O evangelho segundo o espiritismo*. Cap. 28, it. 11.

propósitos do mentor, na esfera das suas possibilidades de expressão.[37]

Ao médium cabe o trabalho interior de motivar-se para assumir as responsabilidades de que se acha investido. Desde muito cedo, deve o servidor da mediunidade superar vacilações, dúvidas, medos, aderindo espontaneamente ao propósito maior da sua existência, que é o exercício da mediunidade cristã. Ter a compreensão de que toda mediunidade é importante. Não esperar um convite do Além para servir de forma missionária, mas construir a própria missão, por amor ao próximo. Se isso pode lhe trazer sacrifícios, mais tarde há de tornar-se felicidade, e não existe felicidade maior na Terra que a de cooperar com Jesus.

A mediunidade elevada enseja ao médium equilíbrio, saúde e dá a antevisão do futuro de paz consciencial que usufruirá, abrindo-lhe as portas de luz do Infinito.

---

[37] XAVIER, Francisco Cândido. *Mecanismos da mediunidade*. Cap. 14.

10 ESTUDO

Elevemos nosso padrão de conhecimento pelo estudo bem conduzido e apuremos a qualidade de nossa emoção pelo exercício constante das virtudes superiores, se nos propomos recolher a mensagem das Grandes Almas.[38]

Não há como progredir na mediunidade sem estudo e sem sentimentos elevados: é a orientação de André Luiz.

Infelizmente, ainda se ouvem vozes que reclamam contra o estudo. Chegam a alegar que existem médiuns com grande potencial e satisfatória produção mediúnica, mas que nunca estudaram Espiritismo. Isso é perfeitamente possível. Kardec afirmou que, para o fenômeno em si, não há necessidade de conhecimento nem de qualidade moral, mas, para as produções intelectuais, que visam o aperfeiçoamento geral, os Espíritos superiores contam com o patrimônio cultural e os sentimentos superiores do médium.

O estudo espírita dá a devida compreensão do melhor exercício da mediunidade.

Falando sobre o estudo elevado, Léon Denis assim se expressa:

> É necessário escolhermos com cuidado nossas leituras, depois amadurecê-las e assimilar-lhes a quintessência. Em geral lê-se demais, lê-se depressa e não se medita.

---

[38] XAVIER, Francisco Cândido. *Nos domínios da mediunidade*. Cap. 1.

[...]
O estudo silencioso e recolhido é sempre fecundo para o desenvolvimento do pensamento. É no silêncio que se elaboram as obras fortes. A palavra é brilhante, mas degenera demasiadas vezes em conversas estéreis, às vezes maléficas; com isso, o pensamento se enfraquece e a alma esvazia-se. Ao passo que na meditação o Espírito se concentra, volta-se para o lado grave e solene das coisas; a luz do Mundo Espiritual banha-o com suas ondas. Há em torno do pensador grandes seres invisíveis que só querem inspirá-lo; é à meia-luz das horas tranquilas ou então à claridade discreta da lâmpada de trabalho que melhor podem entrar em comunhão com ele. Em toda parte e sempre uma vida oculta mistura-se com a nossa. Evitemos as discussões ruidosas, as palavras vãs, as leituras frívolas. Sejamos sóbrios de jornais. A leitura dos jornais, fazendo-nos passar continuamente de um assunto para outro, torna o espírito ainda mais instável. Vivemos numa época de anemia intelectual, que é causada pela raridade de estudos sérios, pela procura abusiva da palavra pela palavra, de forma enfeitada e oca, e, principalmente, pela insuficiência dos educadores da mocidade. Apliquemo-nos a obras mais substanciais, a tudo o que pode esclarecer-nos a respeito das leis profundas da vida e facilitar nossa evolução. Pouco a pouco, ir-se-ão edificando em nós uma inteligência e uma consciência mais fortes, e nosso corpo fluídico iluminar-se-á com os reflexos de um pensamento elevado e puro.[39]

---

[39] DENIS, Léon. *O problema do ser, do destino e da dor.* 3ª pt., cap. 24.

Em termos de mediunidade, o conhecimento enseja maior segurança na sua prática.

Devemos considerar, no estudo da Doutrina Espírita e da mediunidade, o estudo da vida, de suas manifestações, consequências e responsabilidades. Com ele entendemos como a mente humana elabora, reage, relaciona-se. E isso leva o indivíduo a nortear-se e elevar-se acima das condições puramente materiais.

Dessa forma, é curial que o médium estude e estude sempre, atento ao que prescreve o filósofo da doutrina nova, Léon Denis: "A boa mediunidade se forma lentamente, no estudo calmo, silencioso, recolhido, longe dos prazeres mundanos e do tumulto das paixões".[40]

---

[40] DENIS, Léon. *No Invisível*, 1ª pt., cap. 5.

11 COMPANHIAS ESPIRITUAIS

— Aqueles amigos constituem a corte quase permanente dos nossos companheiros encarnados, que voltam agora ao ninho doméstico.

— Quê? — indaguei involuntariamente.

— Sim — acrescentou o orientador cuidadoso —, os infelizes não têm permissão para ingressar aqui, em sessões especializadas, como a desta noite. Nas reuniões dedicadas à assistência geral, podem comparecer. Hoje, entretanto, necessitávamos socorrer os amigos para que o vampirismo de que são vítimas seja atenuado em suas consequências prejudiciais.[41]

No estudo de médiuns e mediunidades, encontramos André Luiz, no livro *Missionários da luz*, capítulo 5, apreciando a delicada questão das companhias espirituais.

O autor aponta entidades em profundo desequilíbrio, que se tornaram presença constante ao lado de médiuns invigilantes. Pela narrativa, essas companhias espirituais foram impedidas de adentrar o recinto da casa espírita, em razão do tipo de serviço mediúnico que seria prestado naquela noite.

---

[41] XAVIER, Francisco Cândido. *Missionários da luz*. Cap. 5.

Encerradas as atividades, porém, os Espíritos infelizes ladearam os encarnados e os acompanharam no retorno ao lar.

Indaga-se o porquê de os mentores espirituais não terem afastado os obsessores dos personagens em estudo, mas, tão somente, impedindo-os de adentrar o Centro Espírita. É que os Espíritos perturbados foram atraídos pelos desejos dos médiuns, são-lhes simpáticos, e constituiria violência o afastamento abrupto do convivente. Aqui houve o respeito ao livre-arbítrio. O trabalho de libertação, nesses casos, será pessoal e intransferível.

Por meio dos pensamentos, a alma encarnada comunica-se, naturalmente, com outros Espíritos, de forma consciente ou inconsciente. Pelo teor desses pensamentos, é possível saber que tipos de entidade são atraídos, passando a ser-lhe companhia.

Espíritos com excessivo apego às sensações orgânicas buscam a satisfação dos sentidos que perderam pela desencarnação. Para terem de volta, mesmo momentaneamente, as baixas emoções, aproximam-se de encarnados que lhes comunguem faixas de interesse semelhantes. O desencarnado é magneticamente atraído para junto do encarnado e, após ajustar-se ao nível mental deste, potencializa-lhe os apetites de toda ordem, para, após, assimilar os fluidos densos irradiados com os sentimentos negativos. O encarnado vê-se, então, sintonizado com o obsessor, passando a ter desejos quase incontroláveis e caindo, sem perceber, num círculo vicioso de pensamentos e sensações insaciáveis. Nesse caso, uma mente passa a sustentar a outra até o esgotamento das energias orgânicas e espirituais do encarnado, culminando com o estabelecimento de enfermidades ou até mesmo com a desencarnação.

Para evitar a vampirização[42] de suas forças, cumpre ao médium opor forte barreira mental aos pensamentos viciosos, mudando comportamentos e hábitos perniciosos.

A leitura elevada diária, a prece, a meditação, o passe, a desobsessão, a frequência a atividades de evangelização ou assistência social auxiliam o médium a desligar-se dos oportunistas espirituais e a manter um nível superior de sentimentos.

Cabe ao médium o esforço para manter um padrão estável e contínuo de pensamentos harmoniosos e emoções salutares, o que se atinge durante a sessão mediúnica, quando a assistência espiritual se faz elevada. É o que aconselha André Luiz:

> Enquanto conosco, deixam-se envolver nas suaves irradiações da paz e da alegria, do bom ânimo e da esperança, registrando-nos as vibrações edificantes das quais desejávamos fossem eles nossos portadores permanentes e seguros na esfera vulgar da luta humana. Todavia, tão logo se encontram a pequena distância de nossas portas, aceitam ou provocam milhares de sugestões sutis, diferentes das nossas.[43]

Relevar pequenos contratempos, deixar de valorizar contrariedades passageiras e preferir o recolhimento são alguns comportamentos desejáveis àqueles que visam colaborar com os orientadores espirituais do trabalho de que participem e ter-lhes a companhia frequente. Não se pode esquecer que o médium pode ser chamado a tarefas socorristas tanto durante o sono quanto em estado de vigília e, sem o pensamento equilibrado, pouco ou nada fará.

---

[42] Nota do autor: Ver capítulo 16, adiante.
[43] XAVIER, Francisco Cândido. *Libertação*. Cap. 15.

Léon Denis, em *No invisível*, exorta à elevação moral, estimulando a renúncia como forma de se aproximar das correntes superiores do pensamento divino, emanado das almas nobres:

> Se não sabemos ou não queremos orientar nossas aspirações, nossas vibrações fluídicas, na direção dos seres superiores e captar sua assistência, ficamos à mercê das influências más que nos rodeiam, as quais, em muitos casos, têm conduzido o experimentador imprudente às mais cruéis decepções.
>
> Se, ao contrário, pelo poder da vontade, libertando-nos das sugestões inferiores, subtraindo-nos às preocupações pueris, materiais e egoísticas, procuramos no Espiritismo um meio de elevação e aperfeiçoamento moral, poderemos em tal caso entrar em comunhão com as grandes almas, portadoras de verdades; fluidos vivificantes, regeneradores nos penetrarão; alentos poderosos nos elevarão às regiões serenas donde o Espírito contempla o espetáculo da vida universal, majestosa harmonia das leis e das esferas planetárias.[44]

O médium necessita compreender seu papel de servidor admitido ao socorro de enfermos desencarnados.

Visando estabelecer sintonia que permita o transe nas sessões de desobsessão, o médium convive com aqueles que se manifestarão, colhendo-lhes os pensamentos e as sensações, o que pode causar certo desconforto. Isso é normal e faz parte da tarefa abraçada. Disso o médium não deve se queixar, mas ater-se à prece e à mais serena dedicação

---

[44] DENIS, Léon. *No invisível*, Introdução.

ao trabalho. Guardar um sentimento de alegria em poder ajudar, angariando, com isso, a simpatia dos bons Espíritos.

A propósito, Chico Xavier, orientando uma médium que reclamava da presença, às vezes constante, de companhias espirituais desagradáveis, dá-lhe uma valiosa resposta:

> — Chico, preciso de sua orientação. Sou médium de incorporação, mas só se comunicam por meu intermédio Espíritos sofredores, que gritam, choram, fazem barulho! Sou criticada por alguns companheiros! Já não suporto mais este sofrimento! Algumas vezes, penso em abandonar o trabalho mediúnico. O que me diz, Chico?
>
> — Minha irmã, você deve considerar-se muito feliz, porque Jesus viveu com os sofredores de todos os matizes. Você, portanto, está em boa companhia — na companhia de Jesus![45]

---

[45] UNIÃO ESPÍRITA MINEIRA. *Chico Xavier:* mandato de amor. Cap. 1, it. "Os amigos de Jesus".

12 ESTRATÉGIA PARA DESARTICULAR O GRUPO SÉRIO

O interlocutor, na intenção de destruir a célula iluminativa que funcionava com imenso proveito no santuário doméstico da jovem senhora, assediada agora por seus argumentos adocicados e venenosos, observou com malícia: já meditou bastante na mistificação inconsciente? Está convencida de que não engana os outros? [46]

O grupo mediúnico será sempre alvo dos Espíritos inferiores, que combatem toda iniciativa de edificação em nome de Jesus.

No trecho supracitado, André Luiz registra uma tática obsessiva perigosa, calcada na falácia. Manipulando a vontade sincera da médium em servir honestamente, o obsessor lança argumentos plausíveis, lógicos, mas enganosos, com o propósito de dissuadi-la da tarefa abraçada, com a intenção de desarticular o grupo mediúnico.

Segundo a clássica Filosofia, falácia é uma mentira que, pela forma exposta, aparenta ser verdade. Temos os falaciosos encarnados e desencarnados. Só há uma forma de enfrentar as teses ardilosamente montadas em inverdades: dominar a tese contrária, ter segurança e conhecimento

---

[46] XAVIER, Francisco Cândido. *Libertação*. Cap. 16.

da verdade, seja por comprovação pessoal, seja por experimentação, seja por credibilidade das fontes de informação que adotamos.

Nem sempre é fácil reconhecer a falácia bem articulada. Esse método obsessivo é geralmente utilizado por obsessores-filósofos, artífices das palavras que, utilizando princípios verdadeiros, conduzem a um embuste.

Processos obsessivos iniciados assim degeneram em fascinações de alta complexidade, anulando grupos e médiuns promissores.

Pensamentos como "eu não sou capaz", "tudo é fruto de minha cabeça", "já existem muitos médiuns", "eu não sou digno desse trabalho" são brechas para o fascínio de uma entidade perseguidora sobre o encarnado. O médium deve estar atento contra tais armadilhas, baseadas na lógica.

O poder de convencimento de entidades obsessoras-filósofas chega a extremos. Em muitos casos, as vítimas são assediadas durante o sono, quando recebem comandos hipnóticos, em discursos contundentes, gravando-os no subconsciente para depois, no estado de vigília, reproduzirem automaticamente as sugestões recebidas sem perceber a astúcia pela qual são envolvidos.

Lembremos que a mente fixada num pensamento, em função do condicionamento hipnótico, não se altera com facilidade. Daí ser a fascinação, dos tipos de obsessão, a mais complexa de ser socorrida.

Aceitar com dedicação o trabalho e não cultivar pensamentos depressivos são formas de evitar tais incursões obsessivas, aliadas à prece, ao estudo e à firmeza de ideais. Refutar sugestões que destaquem o lado negativo de pessoas ou situações, não se colocar na condição de vítima e ter otimismo são, igualmente, antídotos contra as investidas do mal.

Todo grupo sincero será tentado em seus propósitos. Daí a vigilância que cada componente deve ter para não se tornar o ponto de desagregação do trabalho em curso. Confiança, amizade, fraternidade, responsabilidade com a tarefa são, também, barreiras de proteção a todos.

Os trabalhadores do grupo mediúnico, em legítimo exercício de vivência evangélica, buscando salvaguardar a seara em que militam, devem tudo fazer para plenificar a derradeira lição de Jesus aos apóstolos, anotada em *João*, 13:34: "Um novo mandamento vos dou: que vos ameis uns aos outros, como eu vos amei".

13 FASCINAÇÃO

O inteligente obsessor abraçou a senhora, parcialmente desligada do corpo físico, e prosseguiu:

— Dona Isaura, acredite que somos seus leais amigos. [...] É um perigo entregar-se a práticas mediúnicas, qual vem fazendo em companhia de gente dessa espécie... Tome cuidado!...[47]

A médium estudada por André Luiz sofreu, durante o sono, um perigoso ataque de entidade obsessora, que pretendia afastá-la do grupo mediúnico e, com isso, atingir toda a equipe, mediante sugestão hipnótica, base da fascinação.

A fascinação é um processo obsessivo de natureza grave, em que o enfermo não percebe a influência negativa, pois a hipnose sofrida gera uma ilusão sobre o seu real estado.

No trecho citado, a entidade fascinadora utiliza a sugestão calcada na falácia,[48] visando criar uma prevenção entre os componentes do grupo mediúnico, com argumentos plausíveis.

Allan Kardec define a fascinação no capítulo 23 de *O livro dos médiuns*:

> A fascinação tem consequências muito mais graves. É uma ilusão produzida pela ação direta do Espírito sobre o pensamento do médium e que, de certa maneira, lhe paralisa o raciocínio,

---

[47] XAVIER, Francisco Cândido. *Libertação*. Cap. 16.
[48] Nota do autor: Ver capítulo 9, anterior.

relativamente às comunicações. O médium fascinado não acredita que o estejam enganando: o Espírito tem a arte de lhe inspirar confiança cega, que o impede de ver o embuste e de compreender o absurdo do que escreve, ainda quando esse absurdo salte aos olhos de toda gente. A ilusão pode mesmo ir até ao ponto de o fazer achar sublime a linguagem mais ridícula. Fora erro acreditar que a esse gênero de obsessão só estão sujeitas as pessoas simples, ignorantes e baldas de senso. Dela não se acham isentos nem os homens de mais espírito, os mais instruídos e os mais inteligentes sob outros aspectos, o que prova que tal aberração é efeito de uma causa estranha, cuja influência eles sofrem.[49]

Obsessores fascinadores são, em geral, astutos e dominam a técnica da sugestão hipnótica, levando o paciente a um condicionamento mental. Conforme visto no capítulo anterior, a vítima recebe comandos psíquicos no momento do desprendimento espiritual por ocasião do sono fisiológico ou provocado. Após acordar, sem se lembrar do contato com o perseguidor, reproduz automaticamente a ordem recebida.

Embora crendo-se lúcido e senhor da própria razão, o enfermo age segundo a programação mental sugerida. O obsessor não necessita estar obrigatoriamente ao lado da vítima, já que implantou pensamentos que paulatinamente serão reproduzidos. O obsidiado, nesse estado de ilusão, comete os atos mais absurdos sem dar-se conta do ridículo. É nessa condição que ocorrem as rupturas de relacionamentos afetivos, surgem aversões repentinas entre pessoas de longa convivência, crimes de toda ordem, volúpias sexuais e até mesmo suicídios.

---

[49] KARDEC, Allan. *O livro dos médiuns*. Cap. 23, it. 239.

Conquanto o obsidiado esteja respondendo a um ataque hipnótico,[50] continua responsável por seus atos, uma vez que aderiu espontaneamente ao que lhe foi sugestionado. Lembremos que, em se tratando de processo hipnótico, o *sujet*, ou seja, o agente passivo da hipnose, deve aceitar o comando do hipnotizador, sob pena de o fenômeno não ocorrer.

Em todo processo obsessivo, é preciso que o paciente ofereça condições à instalação da enfermidade, isto é, a brecha ou abertura psíquica. No caso da fascinação poderá ser a vaidade, a autopiedade, a culpa, o medo, o orgulho, a ambição, o desejo sexual incontrolável, os vícios e os sentimentos de inferioridade, que causam no enfermo sentimento de desnível emocional em relação a pessoas, lugares e situações.

A abertura mental pode advir, também, de registros fixados no inconsciente do obsidiado, remontando a encarnações anteriores, quando a ligação negativa com o obsessor foi estabelecida pelo ódio, crime ou licenciosidade.

No caso em estudo, a médium Isaura superaria a obsessão-fascinação, não se fixando no mal, contrapondo ideias elevadas calcadas no conhecimento doutrinário seguro, na inabalável conduta evangélica, buscando ver o lado positivo dos companheiros de equipe e socorrendo-se na prece e na caridade, em franca renovação de pensamentos, pois estes contêm alta carga de positividade, que dá proteção psíquica ao médium.

---

[50] Nota do autor: Ver capítulo 15, adiante.

14 MISTIFICAÇÃO

— *Ainda não lhe ouviram os apelos, por intermédio de Eulália?* — *perguntou o meu instrutor.*

— *Não; por enquanto, não. Sempre a mesma suspeita de animismo, de mistificação inconsciente...*[51]

A mistificação e o animismo,[52] como enfocados por André Luiz, constituem dois grandes obstáculos ao exercício da mediunidade. Nem sempre bem compreendidos são, por vezes, motivos de crítica e preconceito.

Mistificação é a burla que uma entidade desencarnada emprega, passando-se por quem não é, com o fito de dominação, humilhação ou simplesmente sarcasmo, cujos alvos são o médium e aqueles que o rodeiam.

Difícil de ser impedida, somente a experiência e o estudo neutralizam os efeitos de tal agressão espiritual.

O cuidado na identificação da entidade comunicante e a avaliação criteriosa do dito mediúnico desmascaram o embuste.

Nenhum médium deve crer-se imune aos mistificadores. Muitas vezes, os amigos espirituais do intermediário permitem que ele experimente a decepção de ver-se sob mistificação para que exercite a vigilância e a humildade.

---

[51] XAVIER, Francisco Cândido. *No mundo maior.* Cap. 9.
[52] Nota do autor: Sobre animismo, ver cap. 15, adiante.

Eis a análise de Emmanuel, na resposta contida no livro *O consolador*, anotada por Chico Xavier:

> A mistificação sofrida por um médium significa ausência de amparo dos mentores do Plano Espiritual?
>
> — A mistificação experimentada por um médium traz, sempre, uma finalidade útil, que é a de afastá-lo do amor-próprio, da preguiça no estudo de suas necessidades próprias, da vaidade pessoal ou dos excessos de confiança em si mesmo.
>
> Os fatos da mistificação não ocorrem à revelia dos seus mentores mais elevados, que, somente assim, o conduzem à vigilância precisa e às realizações da humildade e da prudência no seu mundo subjetivo.[53]

Como visto, processos de mistificação se sustentam na vaidade e na crença da infalibilidade pessoal, ambas frutos da falta de estudo e do orgulho e costumam cegar o médium quanto à sua verdadeira condição espiritual.

Se a mistificação não for reconhecida e combatida, levará o médium a uma sintonia obsessiva permanente, desdobrando-se em fascinação, que há de perturbá-lo, por vezes, durante uma existência inteira.

Considerada assim, necessário é tomarmos todo o cuidado para combater a incursão mistificadora.

14.1 Mistificação e autenticidade

A abordagem de André Luiz, a propósito da mistificação, atende a considerações mais amplas.

---

[53] XAVIER, Francisco Cândido. *O consolador*, cap. 5, it. 5.

Ele alude ao fato de que, sem o critério devido, ditados autênticos são tomados por falsos. Se isso acontece, torna evidente o despreparo por parte daquele que avalia a mensagem psicofônica.

A entidade comunicante sempre utiliza os recursos oferecidos pelo intermediário. Às vezes, durante o transe, o médium mantém o padrão de voz que possui, repete um chavão de seu uso cotidiano, exibe expressões e trejeitos pessoais, o que causa, naqueles pouco afeitos ao contato com os desencarnados, estranheza e imputações de mistificação ou animismo. Na realidade, são características individuais que se tornam mais ou menos acentuadas conforme o grau de maleabilidade do medianeiro. Isso não invalida o ditado, já que o conteúdo da mensagem é o que deve ser considerado como referência para a identificação do desencarnado.

Quando se manifesta um Espírito que tenha sido médico na sua última encarnação, espera-se que ele utilize termos próprios de seu ramo de conhecimento; se foi poeta, uma linguagem poética; um parente, que dê nomes e dados familiares. No entanto, segundo André Luiz, é comum o desencarnado preferir ditados genéricos, que atendam a interesses coletivos e não individuais ou, não raro, o comunicante deseja olvidar a vida passada, se não soube aproveitar adequadamente a jornada terrena.

A situação torna-se complexa quando o médium conhece o comunicante. A prática demonstra que, nesses casos, o conhecimento prévio da situação do comunicante facilita a sintonia, embora possa, indevidamente, gerar dúvidas na equipe.

Em ambos os casos, não há mistificação ou animismo, mas comunicação autêntica, bastando observar com cuidado o conteúdo da mensagem para identificar o autor.

Acompanhando o desenrolar de uma sessão mediúnica, André Luiz faz o registro do estado emocional da médium Eulália, rotulada pelo estigma da mistificação após uma incorporação. A entidade comunicante não deu traços significativos de sua personalidade, como desejavam os presentes. O Espírito preferiu falar de forma geral, sem particularidades, atendendo a solicitação dos mentores do grupo. Isso foi motivo de duras críticas dos presentes. A mensagem foi rejeitada:

> Turvara-se-lhe a mente, agora empanada por densos véus de dúvida. A argumentação em curso nublava-lhe o entendimento. Marejavam-se-lhe os olhos de lágrimas, que não chegavam a cair.[54]

O elevado orientador do grupo visitado por André Luiz, observando que as considerações expendidas durante a análise da mensagem careciam de base técnica e evangélica, comentou:

> Encontra-se, porém, desabrigada, entre os companheiros invigilantes.[55]

Noutra passagem, o Espírito, ao ver por qual médium se comunicaria, reconheceu as injustiças que cometera, quando estava encarnado, ao rejeitar ditados autênticos por ela produzidos, em suas avaliações apressadas. Agora, capitulando, teria de se utilizar da única pessoa capaz de expressar-lhe os pensamentos:

> Recordo-me de que muitas vezes recebi as comunicações do Plano Invisível, através de Otávia,

---

[54] XAVIER, Francisco Cândido. *No mundo maior*. Cap. 9.
[55] Ibid. Cap. 9.

com muitas prevenções, e, não raro, vacilei, acreditando-a vítima de inúmeras mistificações.

Alexandre, muito calmo, observou:

— Pois bem, agora chegou a sua vez de experimentar... [56]

Indispensável, pois, que o grupo, ao receber e analisar uma mensagem, o faça de forma desapaixonada para não aceitar um absurdo nem rejeitar um legítimo comunicado espiritual.

Como recomendação geral, importa considerar, ao lado do conteúdo da produção mediúnica, a sinceridade e o caráter do médium, o seu desinteresse, o equilíbrio, o conhecimento doutrinário, o esforço na tarefa e outros aspectos que auxiliam a compor o quadro de validação dos comunicados do Além.

---

[56] XAVIER, Francisco Cândido. *Missionários da luz*. Cap. 16.

15 ANIMISMO

Não vejo a entidade de quem a nossa irmã se faz intérprete — alegou Hilário, curioso.[57]

O animismo tem sido motivo de largas discussões no campo mediúnico espírita. Tornou-se mesmo um mito ou uma sombra para muitos, que têm nesse fenômeno motivo de receio, até ao ponto de provocar seu afastamento das atividades de intercâmbio espiritual. Na prática, observamos que o animismo, por parte de muitos, é pouco pesquisado, indevidamente compreendido e, menos ainda, adequadamente identificado, causando insegurança em médiuns e em doutrinadores.

Proposto pelo cientista Alexandre Aksakof, na obra *Animismo e espiritismo*, o termo animismo, do radical latino *anima*, ou seja, "alma", pretende designar todos os fenômenos metafísicos que tenham participação direta e exclusiva da alma encarnada. Assim define o psiquista russo:

> Animismo — Fenômenos psíquicos inconscientes se produzidos fora dos limites da esfera corpórea do médium, ou extramediúnicos (transmissão do pensamento, telepatia, telecinesia, movimentos de objetos sem contato, materialização).[58]

---

[57] XAVIER, Francisco Cândido. *Nos domínios da mediunidade*. Cap. 22.
[58] AKSAKOF, Alexandre. *Animismo e espiritismo*. v. 1. Prefácio da edição alemã.

O fenômeno anímico, por esse prisma, não é raro e estão incluídos na categoria os desdobramentos, a telepatia, a vidência, as aparições de pessoas vivas (bicorporeidade) e todos os similares.

Allan Kardec estudou o tema em *O livro dos espíritos*, no capítulo "Emancipação da alma", abordando importantes aspectos dos fenômenos que envolvem as relações extracorporais da alma encarnada, que, ao se afastar do corpo, pelo sono, natural ou provocado, entra em contato com outras almas ou Espíritos, inclusive tornando-se, conforme o caso, tangível.

Sem utilizar a expressão animismo, que somente seria adotada mais tarde, Kardec, no capítulo referido, analisa ocorrências em que o Espírito encarnado se distancia do corpo em atividades que não se enquadrariam como tipicamente mediúnicas, por não haver intermediação, no entendimento clássico de mediunidade. Aqui temos a transmissão do pensamento, o sonambulismo, o êxtase, a dupla vista, a visita de pessoas vivas e outras importantes atividades relativas à provisória liberdade de que goza a alma ainda ligada ao corpo físico.

Em *O livro dos médiuns*, capítulo XIX — Do papel dos médiuns nas comunicações espíritas — Kardec avança no estudo dos fenômenos anímicos e observa que ditados preciosos, sem qualquer demérito, podem emanar do inconsciente do médium, advindo de cultura adquirida em encarnação precedente, evidenciando, com isso, a complexidade da mente humana.

Eis algumas das perguntas e respostas apontadas pelo codificador, na obra mencionada:

As comunicações escritas ou verbais também podem emanar do próprio Espírito encarnado no médium?

— A alma do médium pode comunicar-se, como a de qualquer outro. Se goza de certo grau de liberdade, recobra suas qualidades de Espírito. Tendes a prova disso nas visitas que vos fazem as almas de pessoas vivas, as quais muitas vezes se comunicam convosco pela escrita, sem que as chameis. Porque, ficai sabendo, entre os Espíritos que evocais, alguns há que estão encarnados na Terra. *Eles, então, vos falam como Espíritos e não como homens.* Por que não se havia de dar o mesmo com o médium?

a) Não parece que esta explicação confirma a opinião dos que entendem que todas as comunicações provêm do Espírito do médium e não de Espírito estranho?

— Os que assim pensam só erram em darem caráter absoluto à opinião que sustentam, porquanto é fora de dúvida que o Espírito do médium pode agir por si mesmo. Isso, porém, não é razão para que outros não atuem igualmente, por seu intermédio.

3ª. Como distinguir se o Espírito que responde é o do médium, ou outro?

— Pela natureza das comunicações. Estuda as circunstâncias e a linguagem e distinguirás. No estado de sonambulismo, ou de êxtase, é que, principalmente, o Espírito do médium se manifesta, porque então se encontra mais livre. No estado normal é mais difícil. Aliás, há respostas que se lhe não podem atribuir de modo algum.

Por isso é que te digo: estuda e observa[59] (grifo do autor).

Os detratores do Espiritismo nascente chamaram de "animistas" os fenômenos mediúnicos, pretendendo desacreditar a hipótese da sobrevivência do Espírito e a possibilidade de sua intervenção no mundo dos vivos. Assim, por exemplo, a incorporação e a psicografia seriam incursões da alma do pretenso médium em seu inconsciente, que reproduziria, em transe, suas experiências pessoais, sem que se pudesse atribuir o fato a Espíritos desencarnados. Estudos e pesquisas de grande valor científico vieram demolir essa tese, identificando e classificando os fenômenos metafísicos em anímicos e mediúnicos (ou espíritas). Gabriel Delanne, Alexandre Aksakof, Ernesto Bozzano e outros lograram provar a ocorrência positiva da mediunidade, conquanto exista a possibilidade da alma do médium se projetar e produzir fenômenos, pelo simples fato de que é um Espírito, embora momentaneamente encarnado, mas não preso inexoravelmente ao corpo físico.

Assim é que existem dois tipos de fenômenos metafísicos: o anímico e o mediúnico, ambos naturais. No primeiro, a alma do médium adentra o Mundo Espiritual e relata suas impressões; no segundo, um Espírito se utiliza do médium, que reproduz as experiências de uma mente estranha.[60]

15.1 Transe anímico e médium enfermo

Na epígrafe deste capítulo, verificamos a ocorrência do transe anímico em que a médium revive seu passado,

---

[59] KARDEC, Allan. *O livro dos médiuns*. Cap. 19, it. 223.

[60] Nota do autor: Ver capítulo 38, adiante.

premida pela nociva presença de entidade inimiga de vida anterior.

André Luiz analisa o fenômeno anímico em uma médium portadora de grave desequilíbrio. No momento do transe, emergem de seu inconsciente sensações enfermiças adormecidas:

> Ante a aproximação de antigo desafeto, que ainda a persegue de nosso plano, revive a experiência dolorosa que lhe ocorreu, em cidade do Velho Mundo, no século passado, e entra em seguida a padecer insopitável melancolia.
>
> [...]
>
> Para o psiquiatra comum é apenas uma candidata à insulinoterapia ou ao eletrochoque, entretanto, para nós, é uma enferma espiritual, uma consciência torturada, exigindo amparo moral e cultural para a renovação íntima, única base sólida que lhe assegurará o reajustamento definitivo.
>
> — Mediunicamente falando, vemos aqui um processo de autêntico animismo. Nossa amiga supõe encarnar uma personalidade diferente, quando apenas exterioriza o mundo de si mesma...
>
> — Poderíamos, então, classificar o fato no quadro da mistificação inconsciente? — interferiu Hilário, indagador.
>
> [...]
>
> Não nos cabe adotar como justas as palavras "mistificação inconsciente ou subconsciente" para balizar o fenômeno. Na realidade, a

manifestação decorre dos próprios sentimentos de nossa amiga, arrojados ao pretérito, de onde recolhe as impressões deprimentes de que se vê possuída, externando-as no meio em que se encontra.

[...]

Achamo-nos, por esse motivo, perante uma doente mental, requisitando-nos o maior carinho para que se recupere.

[...]

Deve ser tratada com a mesma atenção que ministramos aos sofredores que se comunicam. [...] Um doutrinador sem tato fraterno apenas lhe agravaria o problema, porque, a pretexto de servir à verdade, talvez lhe impusesse corretivo inoportuno ao invés de socorro providencial. [61]

O transe anímico, no caso em apreço, advém, como mencionado, de enfermidade psíquica da médium. A terapia adequada seria a doutrinação da sua alma, como se fosse um Espírito desequilibrado qualquer, merecedor de amparo. Observemos a advertência de que um doutrinador despreparado poderia admoestá-la, supondo privilegiar a verdade, quando agiria em franca ausência de caridade.

Em *Mecanismos da mediunidade*, André Luiz aborda a questão, propondo apoio ao médium doente que sofra de animismo, fruto de processo obsessivo, e indicando a educação, ou seja, a mudança de hábitos e pensamentos, bem como a melhoria dos sentimentos em geral, como complemento de uma terapia espírita:

---

[61] XAVIER, Francisco Cândido. *Nos domínios da mediunidade*. Cap. 22.

Convenhamos, pois, que a tarefa espírita é chamada, de maneira particular, a contribuir no aperfeiçoamento dos impulsos mentais, favorecendo a solução de todos os problemas suscitados pelo animismo. Através dela, são eles endereçados à esfera iluminativa da educação e do amor, para que os sensitivos, estagnados nessa classe de acontecimentos, sejam devidamente amparados nos desajustes de que se vejam portadores, impedindo-se-lhes o mergulho nas sombras da perturbação e recuperando-se-lhes a atividade para a sementeira da luz.[62]

Ainda no tocante aos processos obsessivos que ocasionam o transe anímico, ensina André Luiz:

OBSESSÃO E ANIMISMO — Muitas vezes, conforme as circunstâncias, qual ocorre no fenômeno hipnótico isolado, pode cair a mente nos estados anômalos de sentido inferior, dominada por forças retrógradas que a imobilizam, temporariamente, em atitudes estranhas ou indesejáveis.

Nesse aspecto, surpreendemos multiformes processos de obsessão, nos quais Inteligências desencarnadas de grande poder senhoreiam vítimas inabilitadas à defensiva, detendo-as, por tempo indeterminado em certos tipos de recordação, segundo as dívidas cármicas a que se acham presas.

Frequentemente, pessoas encarnadas, nessa modalidade de provação regeneradora, são encontráveis nas reuniões mediúnicas, mergulhadas nos mais complexos estados emotivos, quais se

---

[62] XAVIER, Francisco Cândido. *Mecanismos da mediunidade*. Cap. 23.

personificassem entidades outras, quando, na realidade, exprimem a si mesmas, a emergirem da subconsciência nos trajes mentais em que se externavam noutras, sob o fascínio constante dos desencarnados que as subjugam.[63]

Dessa forma, urge bem compreender o transe anímico como um consequente natural da prática mediúnica. O médium em transe, submetido a acentuada passividade, afasta-se do corpo, isto é, exterioriza-se, como no caso do desdobramento e da dupla vista, e realiza valiosos trabalhos, supervisionados por mentores elevados. No entanto, se o médium se fixar nessa condição, premido por assédio obsessivo, denuncia uma enfermidade. Nessa hipótese, o médium adentra o seu subconsciente, revive existências desequilibradas e, no entanto, fala como se estivesse traduzindo o pensamento de outro Espírito. Em ambos os casos, o dirigente da sessão mediúnica tem a responsabilidade de orientar e acompanhar a evolução do processo, visando adequado auxílio ao médium. Impedindo, assim, que interpretações errôneas conduzam o medianeiro e todo o grupo a tomar o animismo por mero excesso de imaginação, incapacidade pessoal ou desvio na tarefa.

No livro *No mundo maior*, André Luiz chama a atenção para a incompreensão do fenômeno anímico, que pode levar o neófito a falsas conclusões e até mesmo ao abandono do trabalho:

> A consulta exige meditação mais acurada. A tese animista é respeitável. Partiu de investigadores conscienciosos e sinceros e nasceu para coibir os prováveis abusos da imaginação; entretanto, vem sendo usada cruelmente pela maioria dos

---

[63] XAVIER, Francisco Cândido. *Mecanismos da mediunidade*. Cap. 23.

nossos colaboradores encarnados, que fazem dela um órgão inquisitorial, quando deveriam aproveitá-la como elemento educativo, na ação fraterna. Milhares de companheiros fogem ao trabalho, amedrontados, recuam ante os percalços da iniciação mediúnica, porque o animismo se converteu em Cérbero. [64]

15.2 Simbiose entre animismo natural e fenômeno mediúnico

Em estudo mais aprofundado, observamos que, durante o transe mediúnico — tanto o ocorrido na psicografia quanto na psicofonia —, ocorre uma simbiose entre o fenômeno mediúnico e o anímico, pois a entidade desencarnada comunicante se utiliza dos recursos oferecidos pela mente do médium, apreendidos na presente ou nas pretéritas encarnações.

No capítulo XIX de *O livro dos médiuns*, o ditado dos Espíritos Erasto e Timóteo elucida a mescla de pensamentos que ocorre durante o transe e a utilidade dos elementos anímicos do médium:

> Por isso é que gostamos de achar médiuns bem adestrados, bem aparelhados, munidos de materiais prontos a serem utilizados, numa palavra: bons instrumentos, porque então o nosso perispírito, atuando sobre o daquele a quem *mediunizamos*, nada mais tem que fazer senão impulsionar a mão que nos serve de lapiseira, ou caneta, enquanto que, com os médiuns insuficientes, somos obrigados a um trabalho análogo

---

[64] XAVIER, Francisco Cândido. *No mundo maior*. Cap. 9.

ao que temos, quando nos comunicamos mediante pancadas, isto é, formando, letra por letra, palavra por palavra, cada uma das frases que traduzem os pensamentos que vos queiramos transmitir[65] (grifo do autor).

A comunicação mediúnica, assim entendida, é fenômeno que se processa, como visto, com os recursos oferecidos pelo médium, que, conforme o grau de instrução e passividade, contribuirá mais ou menos para a sua realização. Quanto mais dotado de conhecimentos gerais, maior facilidade oferecerá aos Espíritos.

15.3 Animismo e especialização mediúnica

André Luiz, no livro *Desobsessão*,[66] ao aludir à especialização mediúnica, cuida de diferenciá-la do animismo, uma vez que comumente ocorre confusão entre eles:

> Os Amigos Espirituais designam determinados tipos de manifestantes que lhes correspondam às tendências, caracteres, formação moral e cultural, especializando-lhes as possibilidades mediúnicas.
>
> Urge não confundir esse imperativo do trabalho de intercâmbio com o chamado animismo ou supostas mistificações inconscientes.[67]

Conforme a necessidade do serviço que presta, os mentores espirituais especializam as faculdades mediúnicas do médium, que passa a incorporar mais comumente uma

---

[65] KARDEC, Allan. *O livro dos médiuns*. Cap. 19, it. 225.
[66] Nota do autor: Ver o capítulo 20, adiante.
[67] XAVIER, Francisco Cândido. *Desobsessão*. Cap. 35.

determinada categoria de Espíritos. Em função disso, pode o dirigente da sessão tomar o fenômeno por anímico. No entanto, se bem observar, é possível identificar a diversidade de personalidades comunicantes, demonstrando ser mediúnico o fenômeno.

Superadas, assim, as incompreensões advindas da proposição animista, em toda ocorrência mediúnica, ambos os Espíritos, do encarnado e do desencarnado, ao se sintonizarem, expressarão suas capacidades: uma de projetar, a outra de interpretar e reproduzir, para a transmissão da mensagem. As disposições ou recursos individuais oferecidos, anímicos, portanto, ditarão a qualidade do comunicado, conquanto seja essencialmente mediúnico.

15.4 Recursos anímicos e ditado mediúnico

André Luiz, culminando o estudo do animismo, considerado em plano de possibilidades mentais, assim esclarece:

> Examinando, pois, os valores anímicos como faculdades de comunicação entre os Espíritos, qualquer que seja o plano em que se encontrem, não podemos perder de vista o mundo mental do agente e do recipiente, porquanto, em qualquer posição mediúnica, a inteligência receptiva está sujeita às possibilidades e à coloração dos pensamentos em que vive, e a inteligência emissora jaz submetida aos limites e às interpretações dos pensamentos que é capaz de produzir. [68]

Conforme o interesse e a dedicação do médium ao estudo, o seu desprendimento a favor da tarefa mediúnica, as meditações a que se dê, o cultivo de pensamentos elevados,

---

[68] XAVIER, Francisco Cândido. *Nos domínios da mediunidade*. Cap. 1.

o esforço na sintonia positiva contínua, maior será a capacidade de recepção dos pensamentos das entidades, tornando-se instrumento dócil aos Espíritos elevados, promovendo, dessa forma, o mínimo de interferência anímica na mensagem psicofônica ou psicográfica.

Por todo o exposto, depreendemos que o termo *animismo* tornou-se um tabu, em função da aplicação inadequada do vocábulo. Mistificações ou mesmo fraudes são denominadas de animismo, em evidente erro de interpretação. Adita-se a isso a falta de conhecimento que fez propagar a ideia de que animismo é sempre uma anomalia, enfermidade obsessiva ou desvio do médium. Não é. O animismo é natural e existe na essência de toda ocorrência mediúnica, pois não existe fenômeno anímico ou mediúnico puros. Há sempre uma positiva interdependência entre ambos.

16 VAMPIRISMO

Apenas cumpre considerar que, entre nós, vampiro é toda entidade ociosa que se vale, indebitamente, das possibilidades alheias e em se tratando de vampiros que visitam os encarnados, é necessário reconhecer que eles atendem aos sinistros propósitos a qualquer hora, desde que encontrem guarida no estojo de carne dos homens.[69]

André Luiz, no capítulo 4 do livro *Missionários da luz*, identifica um complexo processo obsessivo que intitula de *vampirismo*.

Pela definição constante da epígrafe, vampiro é a entidade desencarnada que se utiliza das energias do encarnado, nutrindo-se delas.

Não se tem notícia precisa de onde teria surgido o mito do vampiro. Acredita-se que no antigo Egito iniciados tenham se utilizado de sangue em rituais, criando a mitologia em torno do tema. Em diferentes culturas a imagem de morto-vivo que se levanta do sepulcro e sorve fluidos orgânicos para manter sua vitalidade é identificada.

No livro *Evolução em dois mundos*, temos uma apreciação da ocorrência do vampirismo, no Plano Espiritual:

> OBSESSÃO E VAMPIRISMO — Em processos diferentes, mas atendendo aos mesmos princípios de simbiose prejudicial, encontramos os circuitos de obsessão e de vampirismo entre

---

[69] XAVIER, Francisco Cândido. *Missionários da luz*. Cap. 4.

encarnados e desencarnados, desde as eras recuadas em que o espírito humano, iluminado pela razão, foi chamado pelos princípios da Lei divina a renunciar ao egoísmo e à crueldade, à ignorância e ao crime.

Rebelando-se, no entanto, em grande maioria, contra as sagradas convocações, e livres para escolher o próprio caminho, as criaturas humanas desencarnadas, em alto número, começaram a oprimir os companheiros da retaguarda, disputando afeições e riquezas que ficavam na carne, ou tentando empreitadas de vingança e delinquência, quando sofriam o processo liberatório da desencarnação em circunstâncias delituosas.

As vítimas de homicídio e violência, brutalidade manifesta ou perseguição disfarçada, fora do vaso físico, entram na faixa mental dos ofensores, conhecendo-lhes a enormidade das faltas ocultas, e, ao invés do perdão, com que se exonerariam da cadeia de trevas, empenham-se em vinditas atrozes, retribuindo golpe a golpe e mal por mal.

Outros desencarnados, exigindo que Deus lhes providencie solução aos caprichos pueris e proclamando-se inabilitados para o resgate do preço devido à evolução que lhes é necessária, tornam-se madraços e gozadores, e, alegando a suposta impossibilidade de a Sabedoria divina dirimir os padecimentos dos homens, pelos próprios homens criados, fogem, acovardados e preguiçosos, aos deveres e serviços que lhes competem. [70]

---

[70] XAVIER, Francisco Cândido. *Evolução em dois mundos*. 1ª pt., cap. 15.

Assim, a vingança, a indolência, o ciúme, a revolta têm criado os vampiros do astral, que se aproveitam das cadeias do remorso e da culpa para se valerem de fluidos densos, em especial do fluido vital dos encarnados.

Allan Kardec, ao estudar as obsessões, em *O livro dos médiuns*, capítulo XXIII, lança as bases para a compreensão das perturbações espirituais, classificando-as em obsessão simples, fascinação e subjugação. O vampirismo pode ser situado entre a fascinação e a subjugação. Em seu processo deletério, o obsessor-vampiro impõe, inicialmente, o fascínio ou ideias fixas repetitivas, para mais tarde dominar, subjugando, o encarnado desatento.

No livro, *No invisível*, de Léon Denis, encontra-se um valioso estudo das obsessões, no qual o discípulo de Kardec aprecia a ocorrência do vampirismo, sem, no entanto, utilizar-se dessa denominação:

> É necessário — dizíamos — adotar precauções na prática da mediunidade. As vias de comunicação que o Espiritismo facilita entre o nosso e o mundo oculto podem servir de veículos de invasão às almas perversas que flutuam em nossa atmosfera, se lhes não soubermos opor a resistência vigilante e firme. Muitas almas sensíveis e delicadas, encarnadas na Terra, têm sofrido em consequência de seu comércio com esses Espíritos maléficos, cujos desejos, apetites e remorsos os atraem constantemente para perto de nós.
>
> As almas elevadas sabem, mediante seus conselhos, preservar-nos dos abusos, dos perigos, e nos guiar pelo caminho da sabedoria; mas sua proteção será ineficaz, se por nossa parte não fizermos esforços para nos melhorarmos. É destino do homem desenvolver suas forças, edificar

ele próprio sua inteligência e sua consciência. É preciso que saibamos atingir um estado moral que nos ponha ao abrigo de toda agressão das individualidades inferiores. Sem isso, a presença de nossos guias será impotente para nos salvaguardar. Ao contrário, a luz que em torno de nós projetam atrairá os Espíritos do abismo, como a lâmpada acesa na amplidão da noite atrai as falenas, os pássaros noturnos, e todos os alados habitantes da treva.[71]

A ligação mental que se estabelece entre o encarnado e o obsessor-vampiro é de tal sorte íntima que surge uma verdadeira simbiose entre ambos, ou seja, uma convivência comum em que os dois se nutrem das mesmas energias.

Essa ligação de forças negativas, se continuamente alimentadas, chegará a níveis degradantes. André Luiz afirma que, nesses casos, ocorre verdadeira promiscuidade:

> Desse modo, a promiscuidade entre os encarnados indiferentes à Lei divina e os desencarnados que a ela têm sido indiferentes é muito grande na crosta da Terra.[72]

Segundo, ainda, o autor espiritual, tais ligações espirituais, confusas, degeneradas são consequência da preguiça de assumir uma ética cristã, pautada nos elevados conceitos espirituais, quais os que perpassam o corpo doutrinário espírita:

> Espíritos preguiçosos, encarnados e desencarnados, respiram em regime de vampirização recíproca.[73]

---

[71] DENIS, Léon. *No invisível*, 3ª pt., cap. 22.
[72] XAVIER, Francisco Cândido. *Missionários da luz*. Cap. 4.
[73] Id. *Nos domínios da mediunidade*. Cap. 4.

Como referido, a vampirização recíproca equivale a uma interdependência de mentes. Muito comum, nesse estado, uma mente sustentar a outra. Na transcrição que se segue, André Luiz menciona a possibilidade de ocorrer essa simbiose em razão, por exemplo, do apego do desencarnado ao antigo lar, que insiste em não abandonar, depois do retorno ao mundo dos Espíritos:

> SIMBIOSE DAS MENTES — Semelhantes processos de associação aparecem largamente empregados pela mente desencarnada, ainda tateante, na existência além-túmulo.
>
> Amedrontada perante o desconhecido, que não consegue arrostar de pronto, vale-se da receptividade dos que lhe choram a perda e demora-se colada aos que mais ama.
>
> E qual cogumelo que projeta para dentro dos tecidos da alga dominadores apêndices, com os quais lhe suga grande parte dos elementos orgânicos por ela própria assimilados, o Espírito desenfaixado da veste física lança habitualmente, para a intimidade dos tecidos fisiopsicossomáticos daqueles que o asilam, as emanações do seu corpo espiritual, como radículas alongadas ou sutis alavancas de força, subtraindo-lhes a vitalidade, elaborada por eles nos processos da biossíntese, sustentando-se, por vezes, largo tempo, nessa permuta viva de forças.
>
> Qual se verifica entre a alga e o cogumelo, a mente encarnada entrega-se, inconscientemente, ao desencarnado que lhe controla a existência, sofrendo-lhe temporariamente o domínio até certo ponto, mas, em troca, à face da sensibilidade excessiva de que se reveste, passa a viver,

enquanto perdure semelhante influência, necessariamente protegida contra o assalto de forças ocultas ainda mais deprimentes. Por esse motivo, ainda agora, em plena atualidade, encontramos os problemas da mediunidade evidente, ou da irreconhecida, destacando, a cada passo, inteligências nobres intimamente aprisionadas a cultos estranhos, em matéria de fé, as quais padecem a intromissão de ideias de terror, ante a perspectiva de se afastarem das entidades familiares que lhes dominam a mente através de palavras ou símbolos mágicos, com vistas a falaciosas vantagens materiais. Essas inteligências fogem deliberadamente ao estudo que as libertaria do cativeiro interior, quando não se mostram apáticas, em perigosos processos de fanatismo, inofensivas e humildes, mas arredadas do progresso que lhes garantiria a renovação.[74]

Ligações mentais simbióticas podem estabelecer doenças de etiologia obscura, que podem culminar com a desencarnação da vítima:

> OUTROS PROCESSOS SIMBIÓTICOS — De outras vezes, o desencarnado que teme as experiências do Mundo Espiritual ou que insiste em prender-se por egoísmo aos que jazem na retaguarda, se possui inteligência mais vasta que a do hospedeiro, inspira-lhe atividade progressiva que resulta em benefício do meio a que se vincula, tal como sucede com a bactéria nitrificadora na raiz da leguminosa.
>
> Noutras circunstâncias, porém, efetua-se a simbiose em condições infelizes, nas quais o desencarnado permanece eivado de ódio ou

---

[74] XAVIER, Francisco Cândido. *Evolução em dois mundos*, 1ª pt., cap. 14.

perversidade enfermiça ao pé das próprias vítimas, inoculando-lhes fluidos letais, seja copiando a ação do cogumelo que se faz verdugo da orquídea, impulsionando-a a situações anormais, quando não lhe impõe lentamente a morte, seja reproduzindo a atitude das algas invasoras no corpo dos anelídeos, conduzindo-os a longas perturbações, fenômenos esses, no entanto, que capitularemos, com apontamentos breves, em torno do vampirismo, como responsável por vários distúrbios do corpo espiritual a se estamparem no corpo físico.[75]

André Luiz, estudando a ocorrência da vampirização, em seu processo intrínseco, ainda no livro *Missionários da luz*, capítulo 4, revela a existência de larvas mentais, criadas e mantidas por seres das trevas, verdadeiros micro-organismos existentes no Plano Astral Inferior, com as quais os obsessores-vampiros contaminam o perispírito do encarnado, semelhante a uma invasão microbiana, agravando o processo obsessivo.

Tal contágio ocorre em função das aberturas mentais oferecidas pelos encarnados, que sintonizam com tais entidades, em função dos pensamentos ligados ao ódio, sexo desequilibrado, excessos de bebidas e de alimentos ou desejos incontidos de alta negatividade.

O encarnado submetido à vampirização pode, após a desencarnação, chegar à vida espiritual nas mesmas condições de contaminação psíquica. Decorrente disso, caso se mantenha o ciclo de ideias que ensejou a aproximação do obsessor-vampiro, cairá no monoideísmo, ou seja, numa ideia fixa, repetitiva, que, ao passar do tempo, atingirá níveis de elevada intensidade, fazendo-o viver uma existência

---

[75] XAVIER, Francisco Cândido. *Evolução em dois mundos*, 1ª pt., cap. 14.

exclusivamente mental. Nesse estado, seu corpo perispiritual perderá a força agregadora, tornando-se informe ou mantendo apenas a estrutura craniana. Aos portadores dessa grave enfermidade psicoespiritual, André Luiz denomina-os "ovoides".

O estudo do vampirismo é de significativa importância no auxílio a médiuns enfermos e no alerta aos candidatos à mediunidade com Jesus para que se acautelem psiquicamente, abraçando o serviço com dedicação e renúncia a benefício do próprio crescimento espiritual.

17 MÉDIUM ENFERMO

Um transe mediúnico de baixo teor, porquanto verificamos aqui a associação de duas mentes desequilibradas, que se prendem às teias do ódio recíproco.[76]

Muitos indivíduos passam a ter consciência de seu compromisso mediúnico somente depois de sofrer influência obsessiva grave.

É comum, nessas ocasiões, o neófito receber a orientação de que deve desenvolver a mediunidade para se curar das aflições de que padece. Para casos como esses, não há prescrição mais inoportuna. São médiuns sim, mas médiuns doentes, sem conhecimento, carentes de assistência, tratamento e aprendizado.

O encaminhamento devido será sempre a indicação da terapia desobsessiva, do estudo esclarecedor, para que aprenda a conhecer-se e, somente depois, dedicar-se à mediunidade produtiva.

O que não devemos é, de imediato, encaminhar o médium para um grupo de educação ou desenvolvimento mediúnico, pois tal iniciativa, não raro, agrava seu estado emocional.

No trecho em destaque, André Luiz menciona ocorrência de associação entre duas mentes desajustadas, quando o

---

[76] XAVIER, Francisco Cândido. *Nos domínios da mediunidade*. Cap. 9.

médium padece influência obsessiva advinda de débitos de encarnações pregressas, em ligação de ódio mútuo.

Atuação mediúnica nesse estado intensifica o contato mental anômalo. Recordemos que o desajuste orgânico ou mental enfraquece o médium, impedindo o livre exercício de seu potencial. O esgotamento favorece a ação do obsessor.

Como terapia, temos a desobsessão, o auxílio dos passes, da água fluidificada, do repouso, de exercícios físicos, até que o médium se sinta fortalecido para assumir um trabalho mediúnico eficaz.

Não é raro o médium enfermo necessitar de terapia medicamentosa, ocasião em que deve ser orientado a buscar apoio médico ou psicológico adequado.

Portanto, em caso de médium novato portador de obsessão, primeiro a cura, isto é, afastamento das influências espirituais, reequilíbrio das emoções, identificação das causas próximas ou remotas da perturbação sofrida, vinculação a um trabalho de assistência social, esforço consciente de renovação íntima, pela reprogramação evangélica dos pensamentos e dos atos, estudos cuidadosos em torno da matéria espírita em geral e sobre mediunidade, especificamente, para, depois, se ligar aos trabalhos de intercâmbio espiritual.

Em se tratando de médiuns veteranos, caso a enfermidade surja, convém avaliar se esta é ou não incapacitante para a continuidade do exercício da mediunidade. Pode ser que o afastamento seja útil para a recomposição das energias.

Especificamente, nas obsessões, é sempre positiva a pausa reflexiva, antes de se retomar o labor mediúnico.

Caso a enfermidade, ligada ou não à obsessão, requisite tratamento médico à base de psicotrópicos e estes alterem o estado físico ou psíquico do médium, o seu afastamento das atividades mediúnicas será indicado. Porém, se a distonia mental não for limitativa e o uso do medicamento não interferir na capacidade cognitiva, volitiva ou afetiva do médium, a frequência às reuniões mediúnicas deve ser mantida, inclusive com exercício da psicofonia ou da psicografia.

O surgimento de novas drogas, monitoradas por psiquiatras idôneos, têm permitido aos médiuns manter-se em atividade. Para muitos, a prática mediúnica complementará o tratamento prescrito. Em todo caso, porém, o médico deve ser ouvido e sua indicação respeitada.

A dimensão espiritual do enfermo já tem sido considerada por diversos profissionais da Medicina na definição do diagnóstico. A Associação Médico-Espírita do Brasil e suas seccionais muito têm contribuído para despertar os agentes da saúde, dos diversos ramos, para a avaliação e tratamento da alma, sede originária de toda enfermidade, uma vez que o corpo é meramente repositório dos dramas do Espírito.

Assim, ao lado da prescrição medicamentosa, o tratamento em nível perispiritual enseja excelentes resultados, devendo ser utilizado como consentâneo de uma terapia de base, onde o paciente tem a possibilidade de evolver, visando sua cura integral.

18 DESEJO DO DESENCARNADO DE SE COMUNICAR

Quisera rogar aos meus calma e coragem, esclarecendo que meu coração inda é frágil e necessita do amparo deles; estimaria pedir-lhes esse auxílio para que eu possa atender às atuais obrigações, sem desfalecimentos. Quem sabe me concederá, agora, a permissão precisa? Temos bem perto de nossa casa um grupo de amigos espiritistas... Talvez não me fosse difícil transmitir algumas palavras, breves que fossem, tentando tranquilizar a esposa e os filhos!...[77]

O grupo mediúnico será sempre alvo da atenção dos desencarnados sinceros, que pretendem o retorno ao plano físico, visando ao consolo dos que ficaram e a pacificação de suas angústias.

O serviço mediúnico, alicerçado em bases de conhecimento e moral elevada, constitui exercício de caridade a encarnados e desencarnados.

No trecho em destaque, o desencarnado pretendia utilizar-se de determinado grupo mediúnico para um contato mais direto com a família. No entanto, seu orientador espiritual ponderou:

---

[77] XAVIER, Francisco Cândido. *Os mensageiros*. Cap. 26.

Tão dedicado é você à família do sangue, que, por agora, não o sinto com bastante preparo a tudo ver no antigo lar, sem sofrer desastrosamente. Há tempos, autorizei a visita de dois colegas nossos à esfera da crosta, a fim de reverem as viúvas e abraçarem de novo os filhinhos; mas foram tão violentamente surpreendidos pela situação, que não puderam voltar aos seus deveres aqui, lá ficando agarrados ao ninho que haviam abandonado. Não vigiaram o coração, convenientemente. [78]

Ante as ponderações, o desencarnado concluiu:

— Desisto do pedido. O senhor tem razão.[79]

O caso enseja reflexões.

Os desencarnados, assim como os encarnados que ficaram na retaguarda, desejam o intercâmbio mediúnico, visando aplacar a dor da separação. Por vezes o médium e todo o grupo mediúnico, voltados à assistência amorosa, buscam viabilizar o encontro esperado. E os resultados nem sempre chegam.

A equipe da casa espírita, nesses casos, deve manter-se serena, cônscia de que toda comunicação elevada é presidida do mais Alto, atendendo a interesses de vulto. A ansiedade em sofrear a dor dos familiares do desencarnado deve ser contida, pois, como afirma André Luiz, nem sempre o reencontro é salutar, e pode ocasionar desequilíbrios e desilusões. Em muitos casos, o silêncio da separação é remédio que soluciona diversas chagas e impulsiona encarnados e desencarnados a buscarem novos patamares da existência espiritual.

---

[78] XAVIER, Francisco Cândido. *Os mensageiros*. Cap. 26.

[79] Ibid. Cap. 26.

Foi por isso que Allan Kardec, em *O livro dos médiuns*, capítulo XXV, item 269, analisou a inconveniência das evocações:

> Então, é quase sempre bom aguardar a boa vontade dos que se disponham a comunicar-se, porque nenhum constrangimento sofre o pensamento deles e dessa maneira se podem obter coisas admiráveis; entretanto, pode suceder que o Espírito por quem se chama não esteja disposto a falar, ou não seja capaz de fazê-lo no sentido desejado.[80]

O risco das evocações é inconteste, pois o grupo se abre à possibilidade das mistificações, em especial quando a entidade evocada não pode ou não deve se comunicar. Daí serem preferíveis os ditados espontâneos.

Outro aspecto a considerar quando se busca o intercâmbio espiritual é o mérito dos envolvidos. Esse quesito é preponderante. O desencarnado deseja enviar uma mensagem, o médium é apto, a família anseia pelo reencontro, mas falta-lhe o mérito, que se constitui em créditos espirituais dos encarnados e desencarnados angariados nesta ou noutras encarnações, pelo bem que realizaram ou sacrifício que suportaram na senda evolutiva. Sem isso, nada é possível. Portanto, não basta querer; importa merecer.

---

[80] KARDEC, Allan. *O livro dos médiuns*. Cap. 25, it. 269.

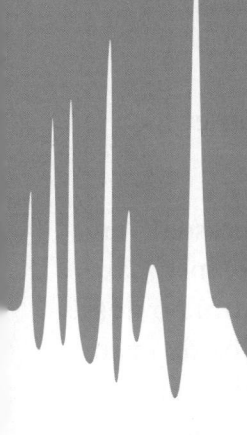

19 EVOCAÇÃO

Nossos companheiros encarnados, em solicitações sucessivas, insistem pela vinda do irmão Dionísio Fernandes, atualmente recolhido, como sabeis, numa organização de socorro.[81]

Em termos de mediunidade, ancorada na Doutrina Espírita, toda espontaneidade é importante. Obviamente, o Plano Espiritual não permanece surdo aos pedidos sinceros de informações dos entes queridos que deixaram a Terra, sobretudo quando se visa a caridade. Mas, segundo os Espíritos, é considerada a conveniência da solicitação, antes de ser atendida.

André Luiz, apreciando os incidentes que podem ocorrer nas evocações, observa que o fornecimento indiscriminado de notícias daqueles que deixaram o corpo físico é causa comum de dúvidas e decepções.

No trecho em destaque, vemos que o pedido dos encarnados para certa manifestação sensibiliza um dos cooperadores espirituais, que argumenta com o coordenador geral dos trabalhos:

> — Estimaríamos receber a devida autorização para trazê-lo... Poderia incorporar-se na organização mediúnica de nossa irmã Otávia e fazer-se ouvir, de algum modo, diante dos amigos e familiares...

---

[81] XAVIER, Francisco Cândido. *Missionários da luz*. Cap. 16.

O mentor pensou durante alguns momentos e redarguiu:

> — Não tenho qualquer objeção pessoal, em face da providência que você sugere, meu caro Euclides; entretanto, embora se constitua o nosso grupo de cooperadores encarnados de excelentes amigos, não os vejo convenientemente preparados para o integral aproveitamento da experiência. [...] Colocam a pesquisa muito acima do entendimento e, como você sabe, as organizações mediúnicas não são filtros mecânicos... Além disso, Dionísio conta com reduzido tempo em nossa esfera; ainda não pôde nem mesmo retirar-se do asilo que o acolheu em nosso plano. Adicionemos a esses fatores a intranquilidade da família, [...] a instabilidade natural do aparelho mediúnico e, possivelmente, concordaremos com a inoportunidade de semelhante medida.[82]

O atencioso servidor espiritual insiste em atender os encarnados:

> [...] Concordo em que não alcançaremos o objetivo desejado; todavia, reitero-vos a solicitação... É que existem irmãos esforçados aos quais muito devemos aqui, no trabalho do bem diário ao próximo sofredor, e sentiríamos felicidade em demonstrar-lhes o testemunho do nosso reconhecimento e estima sincera...[83]

Ante a insistência do lidador espiritual, e em face do argumento de que a equipe detém créditos espirituais, a autorização é concedida e ocorre a manifestação:

---

[82] XAVIER, Francisco Cândido. *Missionários da luz.* Cap. 16.
[83] Ibid. Cap. 16.

> A nossa atmosfera de harmonia, porém, não conseguia sossegar a perturbadora expectativa dos companheiros encarnados.
>
> Exigiam um Dionísio-homem pela boca de Otávia, mas nosso plano lhes impunha um Dionísio-Espírito, pelas expressões da médium.
>
> Depois de falar quase quarenta minutos [...] [84]
>
> Finda a comunicação, a repercussão não foi positiva:
>
> O manifestante ofereceu os possíveis elementos de identificação pessoal, mas a pequena congregação de encarnados não recebeu a dádiva como seria de desejar. [...] Iniciaram-se as apreciações, verificando-se que quatro quintos dos assistentes não aceitavam a veracidade da manifestação.[85]

Como visto, diversos fatores interferem nos ditados mediúnicos. O ambiente, a formação do grupo, a qualidade do médium, a condição espiritual do desencarnado, a pretensão da comunicação e o mérito dos encarnados e dos desencarnados. No caso em comento, a rejeição foi indevida, por falta de seguro conhecimento do mecanismo de intercâmbio espiritual.

Por tudo isso, é útil evitarem-se as evocações, em especial quando se ensaiam os passos iniciais na lida mediúnica.

Os médiuns podem e devem evitar se expor a pedidos de comunicação com este ou aquele Espírito, cientes de que todo intercâmbio sério e responsável depende da franca

---

[84] XAVIER, Francisco Cândido. *Missionários da luz.* cap. 16.
[85] Ibid. Cap. 16.

concordância dos Espíritos elevados que coordenam as atividades. Daí ser relevante a espontaneidade.

Em O *livro dos médiuns*, capítulo XXV — Das Evocações —, Allan Kardec lança esclarecimentos sobre as causas que impedem a manifestação da entidade evocada:

> Entre as causas que podem impedir a manifestação de um Espírito, umas lhe são pessoais e outras, estranhas. Entre as primeiras, devem colocar-se as ocupações ou as missões que esteja desempenhando e das quais não pode afastar-se, para ceder aos nossos desejos. Neste caso, sua visita apenas fica adiada.
>
> [...]
>
> As causas estranhas residem principalmente na natureza do médium, na da pessoa que evoca, no meio em que se faz a evocação, enfim, no objetivo que se tem em vista. Alguns médiuns recebem mais particularmente comunicações de seus Espíritos familiares, que podem ser mais ou menos elevados; outros se mostram aptos a servir de intermediários a todos os Espíritos, dependendo isto da simpatia ou da antipatia, da atração ou da repulsão que o Espírito pessoal do médium exerce sobre o Espírito chamado, o qual pode tomá-lo por intérprete, com prazer, ou com repugnância. Isto também depende, abstração feita das qualidades íntimas do médium, do desenvolvimento da faculdade mediúnica. Os Espíritos vêm de melhor vontade e, sobretudo, são mais explícitos com um médium que lhes não oferece nenhum obstáculo material. Aliás, em igualdade de condições morais, quanto mais facilidade tenha o médium para escrever

ou para se exprimir, tanto mais se generalizam suas relações com o mundo espírita.[86]

Não olvidemos que equivale a uma evocação a lembrança insistente daquele que deixou o corpo físico, a inconformação com a perda do ente amado ou o pranto desconsolado. Nesses casos, se o desencarnado não possuir o discernimento necessário ou suficiente equilíbrio para suportar a carga magnética desses pedidos silenciosos, instalar-se-á ao lado do encarnado, em grande perturbação, entrando em sério sofrimento, podendo ocasionar um processo obsessivo mútuo, embora não intencional.

Regra geral, os desencarnados alegram-se quando são lembrados. Por vezes, a recordação aparentemente espontânea, que equivale a uma doce evocação, foi sugerida pelo ente querido que deixou o plano físico desejoso do contato mediúnico. Nesse caso, a manifestação ocorre de forma espontânea, positiva, sem nenhum inconveniente, e atende ao mais puro afeto, facilitada por amigos espirituais.

A questão primordial é evitar evocar, isto é, tentar atrair uma entidade em específico, com mentalizações e pedidos diretos, repetitivos, para evitar a fraude, a mistificação espiritual ou a decepção com a mensagem recebida.

Aquele que pretenda uma notícia, uma informação de familiar desencarnado deve ser orientado a aguardar o tempo dos Espíritos, que não é o tempo da Terra, já que o controle é de lá para cá.

---

[86] KARDEC, Allan. *O livro dos médiuns*. Cap. 25, it. 275.

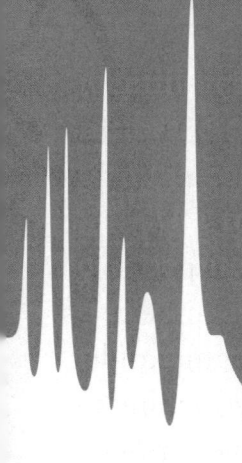

20 ESPECIALIZAÇÃO MEDIÚNICA

Os médiuns esclarecedores, se necessário, acumularão também as funções de médiuns passistas, mas não a de psicofônicos.[87]

A especialização mediúnica é a adequação psíquica do intermediário para determinada tarefa. O médium pode especializar-se no exercício de uma só modalidade mediúnica: psicografia, psicofonia, passista, esclarecedor, sustentação etc., conforme sua aptidão pessoal.

Em se tratando de psicofonia, pode, ainda, aperfeiçoar-se na recepção de certo grupo de entidades, tais como: sofredores, suicidas, obsessores, enfermos... [88]

Na psicografia, vamos encontrar médiuns com possibilidade mais acentuada à recepção de poemas, de romances, de contos, de cartas de familiares desencarnados, de indicação medicamentosa homeopática, esta, aliás, cada vez mais rara.

É comum, nos primeiros sinais de mediunidade, quando a capacidade psíquica do médium se plenifica, surgirem traços de psicografia, psicofonia, pintura ou outra faculdade, simultaneamente. Nesse caso, é desejável que opte por

---

[87] XAVIER, Francisco Cândido. *Desobsessão.* Cap. 26.
[88] Nota do autor: Ver o capítulo 12, anterior.

uma delas, até estar seguro, quando então poderá experimentar outra sem prejuízo à sua harmonia pessoal. O duplo exercício pode esgotar as faculdades mediúnicas, além de gerar dúvidas no médium.

No trecho em epígrafe, André Luiz alude à possibilidade de os médiuns esclarecedores exercerem também a função de passistas, na sessão de desobsessão, acumulando atribuições, quando necessário, mas descarta a possibilidade de o esclarecedor atuar, concomitantemente, como psicofônico. É que a mente sintonizada com os desencarnados a serem assistidos fica inapta à assimilação das intuições típicas dos doutrinadores. Além disso, existe uma impropriedade material, pois cumprir as duas modalidades mediúnicas, numa mesma sessão, enseja desarmonia.

A sessão destinada à assistência desobsessiva deve circunscrever-se aos atendimentos programados, evitando exercícios de outras mediunidades, tais como psicografia, pintura mediúnica, uma vez que todos os esforços devem estar concentrados no socorro a ser prestado. A desatenção ao objetivo primordial da reunião ocasiona perda de energia, comprometendo o trabalho.

A sala destinada à desobsessão é cercada de cuidados pelos orientadores espirituais, qual sala de cirurgia hospitalar. Os enfermos desencarnados a serem atendidos aguardam a oportunidade da manifestação. São almas em severo estado de perturbação. Trazem no perispírito as marcas da dor moral que carregam. Suspiram pelo alívio. Outros, revoltados, perseguidos ou perseguidores, esmagam-se no ódio que carregam. Deixar de atender a essa turba de sofredores para qualquer atividade diversa da psicofonia é agravar-lhes a dor, em descaridade sem par. Se isso se torna habitual, a equipe espiritual costuma deixar de conduzir ao

Centro Espírita tais entidades, até que o grupo amadureça e assuma as responsabilidades que lhe competem. Esta é uma decisão que os encarnados devem tomar, sem nenhuma imposição do Plano Astral.

21 CAPACIDADE RECEPTIVA MEDIÚNICA

> *No comentário evangélico, eu recolhia observações interessantes. Tal como no caso de Ismália, quando lhe ouvíamos a sublime melodia, a interpretação de Fábio estava cheia de maravilhas espirituais que transcendiam à capacidade receptiva de dona Isabel. A viúva de Isidoro parecia deter tão somente uma parte.*
>
> *Desse modo, as crianças recebiam a lição de acordo com as possibilidades mediúnicas da palavra materna, enquanto que a nós outros se propiciava o ensinamento com maravilhoso conteúdo de beleza.*[89]

A Capacidade Receptiva Mediúnica — CRM — é a condição psíquica do médium para sintonizar-se com um desencarnado (ou encarnado) e transmitir-lhe o pensamento. Essa qualidade perceptiva dos pensamentos dos Espíritos enseja o grau de profundidade do conteúdo e de forma da mensagem, consoante as características do comunicante, variando de médium a médium.

Considerando que o cérebro físico tem capacidade receptiva menor que o cérebro espiritual, quanto maior a CRM do médium, mais fiel ele será ao ditado do Espírito.

---

[89] XAVIER, Francisco Cândido. *Os mensageiros*. Cap. 36.

André Luiz assinala a CRM da médium Isabel, no destaque acima, ressaltando que ela reproduzia palidamente a mensagem de Fábio, instrutor desencarnado.

Yvonne Pereira, em sua experiência mediúnica,[90] saía do corpo, em desdobramento, visitava lugares, observava acontecimentos e depois voltava ao corpo físico para registrar o que vira. Por diversas vezes, ela menciona que não conseguia reproduzir com a fidelidade desejável o que havia presenciado, pois seu cérebro orgânico era incapaz de assimilar todas as informações coletadas.

Chico Xavier relata o mesmo no início de sua jornada mediúnica, em especial durante a recepção das mensagens que comporiam *Parnaso de além-túmulo*. Eis seu belo e curioso depoimento:

> As visitas do outro mundo começaram a se identificar a partir de 1931. Uma tarde, Chico regava os canteiros de alho na horta de José Felizardo, quando uma voz lhe pediu que ouvisse com atenção um poema inédito: "Vozes de uma sombra". O dono da voz e dos versos se anunciou como Augusto dos Anjos. E começou a lançar no ar palavras insólitas. "Donde venho? Das eras remotíssimas/ Das substâncias elementaríssimas/ Emergindo das cósmicas matérias". Chico ouvia, regava o alho e perdia o fio da meada. "Venho dos invisíveis protozoários/ Da confusão dos seres embrionários/ Das células primevas, das bactérias...".
>
> A voz pedia toda a atenção. Precisava recitar os versos naquele momento, durante o entardecer, e naquele cenário. Tudo o inspirava. Chico deveria ouvir as palavras, familiarizar-se com elas

---

[90] Nota do autor: Ver o livro *Devassando o invisível*.

e decifrá-las para mais tarde colocar as rimas no papel sem dificuldade. Corpos multiformes, vultoso abdômen, intensas torpitudes, larvas rudes, animáculo medonho, fótons, galáxias. O rapaz tropeçava nas sílabas e nos significados daquele palavrório. E, com o regador a tiracolo, parecia um imenso ponto de interrogação.

O poeta invisível perdeu a paciência com a dificuldade do matuto de Pedro Leopoldo em entender os versos e entregou-se a Deus:

— Quer saber de uma coisa? Vou escrever o que puder, pois sua cabeça não aguenta mesmo.

O poema foi destaque do primeiro livro publicado por Chico Xavier, *Parnaso de além-túmulo*, ao lado de outros 56 atribuídos a catorze poetas, todos enterrados.[91]

Chico informaria, noutra oportunidade, que o poema no original era bem mais complexo, muito acima de sua capacidade receptiva.

Assim é que diversos fatores implicam na condição receptora do pensamento do desencarnado pelo médium. Para enumerar apenas algumas, poderíamos mencionar:

a) Afinidade do médium com o Espírito comunicante. O tempo de convivência com o Espírito que dita a mensagem é fundamental. Podemos perceber a ampliação da qualidade do comunicado de mensagem a mensagem, isto é, ditados iniciais de certa entidade demonstram menor CRM que os posteriores;

b) Experiência do médium. Quanto maior o tempo de exercício mediúnico, maior a CRM;

---

[91] MAIOR, Marcel Souto. *As vidas de Chico Xavier*. Cap. 2.

c) Conhecimento prévio da matéria. Os conhecimentos pessoais do médium, em relação ao assunto que será tratado pela entidade, advindos desta ou doutra encarnação, bem como sua formação pessoal, favorecem a CRM, ampliando-a;

d) O objetivo do comunicado. Se a pretensão da mensagem mediúnica é o consolo geral ou o socorro imediato de alguém que detém mérito, o médium pode ter sua CRM ampliada, mesmo que ocasionalmente;

e) A equipe de encarnados que auxilia o médium. O apoio dos companheiros, a amizade sincera, o esforço geral no bem, o estudo em equipe favorecem a CRM do médium, que passa a ter um ambiente favorável ao trabalho que executa;

f) Preces e meditações. A oração estabelece o equilíbrio do médium e a meditação dá-lhe atenção aos pensamentos. Isso amplia a CRM, pois a mente voltada ao trabalho mantém a sintonia desejável para o serviço junto às entidades elevadas;

g) O estudo. Conhecimentos gerais e da Doutrina Espírita, em específico, ampliam a CRM, já que a mente oferecerá amplos recursos aos benfeitores espirituais;

h) O preparo que recebeu no Mundo Espiritual, antes de encarnar. Conforme a tarefa a desempenhar, o médium terá maior ou menor CRM. Esta, porém, pode ser ampliada, diante do livre-arbítrio do médium em se dedicar com afinco ao desempenho do compromisso;

i) O sacrifício, a renúncia, a caridade. Tais virtudes são imprescindíveis para que o médium adquira a simpatia dos bons Espíritos, e estes possam alterar a CRM, já que saberão eles, os Espíritos de luz, ter no médium seguro colaborador nas tarefas do bem.

Urge destacar que a CRM do médium varia de uma comunicação a outra, atendendo aos critérios apresentados.

Por outro lado, o médium descuidado e invigilante pode ter sua CRM reduzida ou obnubilada, a despeito de sua vontade, pois, quando perde a boa sintonia, fica à mercê de verdugos espirituais, que lhe dominam as forças, até ao ponto de aniquilá-las.

Um ditado mediúnico terá 10, 20, 30, 40% ou mais do pensamento do médium, sem deixar de ser mediúnico e de qualidade. Observemos que o *quantum* de pensamento da alma do médium ou do desencarnado não tem, a rigor, relação com o grau de passividade do medianeiro, ou da sintonia mediúnica, mas com seus atributos anímicos. Sendo esses de grau elevado, o comunicante espiritual dará o enfoque geral e o médium, a vestimenta das palavras. Temos, nesse caso, uma perfeita união entre médium e orientador espiritual.

A propósito, destaca André Luiz:

> É que, em matéria de mediunismo, há tipos idênticos de faculdades, mas enormes desigualdades nos graus de capacidade receptiva, os quais variam infinitamente, como as pessoas.[92]

A boa vontade é fator positivo quando se dispõe a servir, pois o médium pode não possuir as condições favoráveis ao transe com certa entidade, mas, dependendo da necessidade do momento, os orientadores buscam vencer-lhe as limitações, visando o bem comum ou um socorro imediato. É o que inferimos do trecho a seguir:

---

[92] XAVIER, Francisco Cândido. *No mundo maior*. Cap. 9.

No entanto, o nosso amigo médico não encontra em sua organização psicofísica elementos afins perfeitos: nossa colaboradora não se liga a ele através de todos os seus centros perispirituais; não é capaz de elevar-se à mesma frequência de vibração em que se acha o comunicante; não possui suficiente "espaço interior" para comungar-lhe as ideias e conhecimentos; não lhe absorve o entusiasmo total pela Ciência, por ainda não trazer de outras existências, nem haver construído, na experiência atual, as necessárias teclas evolucionárias, que só o trabalho sentido e vivido lhe pode conferir. Eulália manifesta, contudo, um grande poder — o da boa vontade criadora, sem o qual é impossível o início da ascensão às zonas mais altas da vida. [93]

Casos existem, determinados pelo merecimento dos envolvidos, em que um Espírito com maior afinidade com o médium serve de intermediário entre o comunicante e o psicofônico, reproduzindo-lhe os pensamentos. Tal evento é comumente observável para as orientações de entidades elevadas e na psicografia.

O médium deve envidar esforços para qualificar-se dia a dia, buscando bem cooperar, ajustando-se aos propósitos da elevada mediunidade, vencendo limitações pessoais pelo estudo, pelo recolhimento e ampliando, dessa forma, sua capacidade mediúnica receptiva, em prol de sua evolução e caridade geral.

---

[93] XAVIER, Francisco Cândido. *No mundo maior*. Cap. 9.

22 JOVEM E MEDIUNIDADE

[...] Conserva, ainda, o seu vaso orgânico na mesma pureza com que o recebeu dos benfeitores que lhe prepararam a presente reencarnação. Ainda não foi conduzida ao plano de emoções mais fortes, e as suas possibilidades de recepção, no domínio intuitivo, conservam-se claras e maleáveis. Suas células ainda se encontram absolutamente livres de influências tóxicas; seus órgãos vocais, por enquanto, não foram viciados pela maledicência, pela revolta, pela hipocrisia; seus centros de sensibilidade não sofreram desvios, até agora; seu sistema nervoso goza de harmonia invejável, e o seu coração, envolvido em bons sentimentos, comunga com a beleza das verdades eternas, através da crença sincera e consoladora. E, além disso, não tendo débitos muito graves do pretérito, condição que a isenta do contato com as entidades perversas que se movimentam na sombra, pode refletir com exatidão os nossos pensamentos mais íntimos. Vivendo muito mais pelo espírito, nas atuais condições em que se encontra, basta a permuta magnética para que nos traduza as ideias essenciais.[94]

André Luiz, em seus estudos sobre mediunidade, observa uma jovem com excelente capacidade receptiva. Chama-lhe a atenção o fato de, não sendo médium ostensiva, assimilar com fidedignidade o pensamento do mentor espiritual do grupo que visitava. Ao indagar o porquê

---
[94] XAVIER, Francisco Cândido. *Missionários da luz*. Cap. 5.

dessa fluência, obtém a significativa resposta, transcrita em epígrafe.

A capacidade receptiva da jovem em questão, segundo André Luiz, estaria ligada à pureza do corpo físico; ausência de emoções mais fortes; intuição clara e maleável; células livres de influência tóxica; órgãos vocais libertos da maledicência, da revolta ou da hipocrisia; centros da sensibilidade sem desvios; sistema nervoso em harmonia; coração envolvido em bons sentimentos; crença sincera e consoladora; ausência de débitos graves do passado que, por consequência, a isentam do contato com entidades das sombras.

Todo jovem é naturalmente sensível, criativo, amoroso, idealista, desejoso de fazer o bem. Se esses valores não se mostram, é porque a educação que receberam não lhes favoreceu a eclosão; no entanto, jazem latentes. Manter ou evidenciar esse estado originário, qual saído da infância, é fundamental para tornar-se um permanente canal dos Espíritos de luz. Contribuem para o desenvolvimento dos potenciais da alma o estudo e a caridade, em todas as suas variações. O jovem deve buscar esses recursos para seguir vida afora equilibrado.

A eclosão da mediunidade pode ocorrer em qualquer época da vida, sempre de forma espontânea. O mais comum, para os médiuns com graves compromissos, é o surgimento na infância.

No entanto, a prática da mediunidade deve ser adiada até que o jovem consiga a devida estabilidade emocional e/ou profissional, que lhe garanta estrutura para o desempenho de seus compromissos.

Não raro, ainda na fase da adolescência, alguns se veem assediados por influenciações negativas, às vezes provenientes de débitos do passado, que lhes instigam a quedas emocionais, gerando grande perturbação. Em função disso, ocorre séria instabilidade emocional, o que provoca a eclosão prematura da mediunidade: a vidência, os sonhos premonitórios, o transe inesperado, o medo incontrolável, indicando que o jovem precisará ser assistido nas sessões de passe e de desobsessão, visando a harmonização de suas energias. Será sempre inconveniente o encaminhamento à reunião de educação mediúnica, pois pode haver agravamento do quadro. Em muitos casos, com o reequilíbrio auferido, os fenômenos desaparecem naturalmente. Caso exista o compromisso mediúnico, no momento apropriado ressurgirão, indicando o início da tarefa.

O jovem que exiba pendor para a mediunidade, antes de abraçar o trabalho nessa seara, se possível, deve dedicar-se ao movimento juvenil, cooperar junto à evangelização infantil, à promoção social, estudar com dedicação, amadurecendo emocionalmente. Tais atividades canalizam as forças de forma proveitosa, elevam a sintonia, mantêm ambiente mental favorável à aproximação dos bons Espíritos, que são formas de aproveitamento dos recursos mediúnicos.

Embora encontremos na história do Espiritismo médiuns em atividade muito moços, a exemplo de Chico Xavier, que iniciou seus labores mediúnicos aos 17 anos de idade, eles constituem exceção.

A indicação para prática mediúnica deve ser precedida de cuidadosa análise, caso a caso, evitando precipitações que podem criar sérios embaraços à vida do jovem.

Por outro lado, se o rapaz ou a moça exibem amadurecimento suficiente, nada impede que sejam admitidos à sessão de educação mediúnica, não antes dos 17 anos. Para muitos, o exercício da mediunidade é evento natural, em virtude do patrimônio trazido de outras existências e do preparo que tiveram antes de encarnar para atuar na condição de médiuns ostensivos. Nesse caso, o serviço junto aos bons Espíritos constituir-lhes-á fonte de elevada harmonia e equilíbrio.

A instituição espírita não deve cerrar as portas aos moços. Os jovens, em geral, têm buscado sua espiritualização desde cedo. São almas adrede preparadas para os tempos de transformação que atravessamos. Acolhê-los, dando oportunidade de se expressarem, é atender aos planos de Jesus para a renovação da Terra.

2ª PARTE
TÉCNICA PSICOFÔNICA

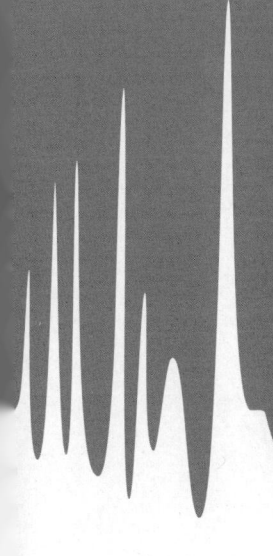

23 VERDADEIRO DESENVOLVIMENTO MEDIÚNICO

Dezoito pessoas mantinham-se em expectativa.

— Alguns — explicou Alexandre — pretendem a psicografia, outros tentam a mediunidade de incorporação. Infelizmente, porém, quase todos confundem poderes psíquicos com funções fisiológicas. Acreditam no mecanismo absoluto da realização e esperam o progresso eventual e problemático, esquecidos de que toda edificação da alma requer disciplina, educação, esforço e perseverança. Mediunidade construtiva é a língua de fogo do Espírito Santo, luz divina para a qual é preciso conservar o pavio do amor cristão, o azeite da boa vontade pura.[95]

André Luiz conduz-nos a uma nova compreensão do que é o desenvolvimento mediúnico, ao relacioná-lo à ampliação de poderes psíquicos. Conforme se depreende do texto acima, as edificações da alma estão ligadas à disciplina, à educação, ao esforço e à perseverança. Ou seja, desenvolvimento da mediunidade, por esse prisma, é desenvolvimento ativo da personalidade.

Dando ênfase a esse conceito, define:

---

[95] XAVIER, Francisco Cândido. *Missionários da luz.* Cap. 3.

— Desenvolver, em boa sinonímia, quer dizer "retirar do invólucro", "fazer progredir" ou "produzir". Assim compreendendo, é razoável que Pedro, antes de tudo, desenvolva recursos pessoais no próprio reajuste.[96]

No sentido proposto por André Luiz, o progresso pessoal do candidato à mediunidade é a chave para a ampliação dos potenciais da mente.

A frequência às sessões mediúnicas, a repetição de exercícios práticos podem dar ao médium certa destreza na produção de alguns fenômenos, mas, permanecendo nesse plano de atividades, longe estará do verdadeiro desenvolvimento mediúnico.

Assim, vamos compreender que, para os fenômenos intelectuais, para a mediunidade de cura e outras que exigem sintonia elevada, é necessário que o médium se ajuste ao pensamento dos Espíritos superiores, sublimando impulsos. Desenvolvendo-se dia após dia, o médium compreenderá que sua percepção espiritual será compatível com a ascensão que já tenha alcançado. É o que menciona André Luiz:

> Segundo observa, o legítimo desenvolvimento mediúnico é problema de ascensão espiritual dos candidatos às percepções sublimes.[97]

Portanto, o cerne do progresso mediúnico é a educação da alma. Não basta cerrar os olhos nas sessões práticas para que isso ocorra, como também não se pode considerar pronto o médium que, por exemplo, incorpore com certa facilidade. A simples ocorrência do transe não evidencia a perfeita educação das faculdades psíquicas.

---

[96] XAVIER, Francisco Cândido. *Nos domínios da mediunidade*. Cap. 9.
[97] Id. *Missionários da luz*. Cap. 4.

Segundo, ainda, André Luiz, corpo e mente formam uma unidade indissociável, com mútuas interferências. Por isso, ele alude à disciplina em todos os sentidos, como preâmbulo do processo de educação ou desenvolvimento mediúnico. Alimentação desordenada, sexualidade desequilibrada, uso de substâncias tóxicas ou entorpecentes são obstáculos à ampliação dos potenciais da mente.

A recomendação é que, ao lado do interesse ou da necessidade do desenvolvimento mediúnico, o médium atente para a melhoria dos próprios pensamentos e hábitos, facilitando o contato com entidades elevadas, no serviço da caridade aos encarnados e desencarnados em sofrimento. Para tanto, afirma:

> A maioria dos candidatos ao desenvolvimento dessa natureza, contudo, não se dispõe aos serviços preliminares de limpeza do vaso receptivo.[98]

E completa:

> Ora, para os que se trancafiam nos cárceres de sombra, não é fácil desenvolver percepções avançadas.[99]

> [...] Mas, gradativamente, compreenderão que mediunidade elevada ou percepção edificante não constituem atividades mecânicas da personalidade e sim conquistas do Espírito, para cuja consecução não se pode prescindir das iniciações dolorosas, dos trabalhos necessários, com a autoeducação sistemática e perseverante.[100]

---

[98] XAVIER, Francisco Cândido. *Missionários da luz*. Cap. 3.
[99] Ibid. Cap. 3.
[100] Ibid. Cap. 3.

O autor alerta que, em muitos casos, a busca pelo intercâmbio espiritual deveria ser posterior ao compromisso pessoal do médium em se autoeducar:

> — Neste caso, concordo em que o desenvolvimento mediúnico deve ser a última solução, porque antes de enfrentar os inimigos, filhos da ignorância, deveríamos armar o coração com a luz do amor e da sabedoria.[101]

Noutra passagem, adverte:

> Não provoqueis o desenvolvimento prematuro de vossas faculdades psíquicas! [...] Buscai, acima de tudo, progredir na virtude e aprimorar sentimentos.[102]

Em *O livro dos médiuns*, Allan Kardec observa que existem rudimentos de percepção mediúnica em todas as pessoas, mas esclarece, também, que para a semente da mediunidade germinar é necessário muito esforço do candidato, uma vez que nada se consegue à vontade, isto é, sem trabalho:

> Se bem cada um traga em si o gérmen das qualidades necessárias para se tornar médium, tais qualidades existem em graus muito diferentes e o seu desenvolvimento depende de causas que a ninguém é dado conseguir se verifiquem à vontade.[103]

Uma vez que todos dispõem dos gérmens da mediunidade, ou seja, a capacidade de contato mental com os Espíritos, o estudo e a busca do desenvolvimento mediúnico são processos que levam o indivíduo a compreender-se,

---

[101] XAVIER, Francisco Cândido. *Missionários da luz*. Cap. 5.

[102] Ibid. Cap. 9.

[103] KARDEC, Allan. *O livro dos médiuns*, Introdução.

a refletir sobre a natureza de seus pensamentos, a educar-se, a disciplinar-se. Tratando a questão da educação da mediunidade como renovação da alma, veremos que produção de fenômenos é fator secundário, querendo isso dizer que importante é o ganho pessoal ensejado pelo legítimo desenvolvimento mediúnico e não tanto a fenomenologia.

Educar a mediunidade, nessa compreensão maior, é melhorar-se. O estudo mediúnico e o contato com a Espiritualidade permitem ao indivíduo conhecer a realidade que o cerca, levando-o a valorizar as conquistas do espírito e desprender-se gradativamente dos desejos da matéria.

Talvez por isso Kardec tenha estimulado a formação de grande número de médiuns, num valioso registro em *Obras póstumas*:

> ### Ensino espírita
>
> Um curso regular de Espiritismo seria professado com o fim de desenvolver os princípios da ciência e de propagar o gosto pelos estudos sérios. Esse curso teria a vantagem de fundar a unidade de princípios, de fazer adeptos esclarecidos capazes de espalhar as ideias espíritas e *desenvolver grande número de médiuns*. Considero esse curso como de natureza a exercer capital influência sobre o futuro do Espiritismo e sobre as suas consequências (grifo nosso).[104]

O conhecimento da Doutrina Espírita causa mudanças na forma de compreender a vida. Daí o seu estudo ser tão importante para o futuro da sociedade. Na referência, o desenvolvimento generalizado de médiuns garantiria o futuro do Espiritismo. Por certo, não somente pela possibilidade da multiplicação de sessões de intercâmbio, importantes

---

[104] KARDEC, Allan. *Obras Póstumas*, 2ª pt.; "Ensino Espírita".

quando voltadas à caridade, mas porque promoveria o autoconhecimento, a compreensão da realidade espiritual, o entendimento de como elaboramos os nossos pensamentos, tudo isso com consequências positivas. Deduz-se, da anotação de Allan Kardec, que um curso eficaz seria o que conduzisse os médiuns a uma alteração no padrão mental e comportamental, ensejando a transformação interior e o progresso espiritual.

Efetivamente, um curso nesses moldes seria fundamental ao futuro da Humanidade.

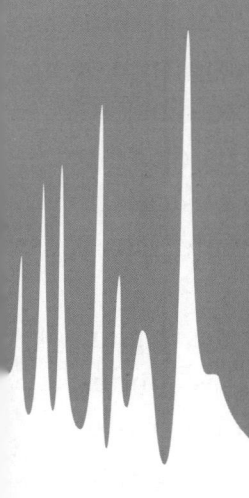

24 FISIOLOGIA DA MEDIUNIDADE: EPÍFISE

No exercício mediúnico de qualquer modalidade, a epífise desempenha o papel mais importante. Através de suas forças equilibradas, a mente humana intensifica o poder de emissão e recepção de raios peculiares à nossa esfera. É nela, na epífise, que reside o sentido novo dos homens; entretanto, na grande maioria deles, a potência divina dorme embrionária.[105]

Epífise — glândula da mediunidade. Esta é a compreensão que assimilamos, após o estudo das obras de André Luiz. Nela, o autor espiritual coloca a imagem da porta que se abre para o mundo dos Espíritos. É o ponto de contato do médium com o Plano Astral.

Tal entendimento, porém, não se limita ao Espiritismo. Na Índia, os estudiosos dos chacras já intuíam, há milênios, a existência, no centro do cérebro, de um órgão de ligação do mundo corpóreo com o espiritual.

Biologicamente, segundo especialistas,[106] a glândula pineal no homem seria uma transformação, mediante processos evolutivos, de estruturas nervosas de vertebrados inferiores, chamados de "olhos pineais" ou um "terceiro olho", igualmente presente nos invertebrados. Tal denominação foi atribuída aos rudimentos da pineal, por estar relacionada

---
[105] XAVIER, Francisco Cândido. *Missionários da luz*. Cap. 1.
[106] CRESPO, E.G.; VIEGAS, A. M. *Evolução do complexo pineal dos vertebrados*. v. 16.

com o sistema sensorial, especialmente com a fotossensibilidade desses animais. Esse conhecimento fez surgir novos ramos na Biologia — a Cronobiologia e a Fotobiologia.

O estudo da glândula pineal remonta a mais de vinte séculos. Talvez tamanho interesse refira-se à sua posição no cérebro, já que ocupa o centro geométrico do crânio, isto é, a parte superior do encéfalo, o epitálamo.

As primeiras referências conhecidas acerca dessa glândula encontram-se nos Vedas, livros sagrados dos hindus, que informam haver no homem sete chacras ou centros de energia vital, situados ao longo do corpo. Desses, o mais importante seria o sétimo, denominado *sahasrara chakra* ou "lótus de mil pétalas", que é identificado com a posição física da pineal. André Luiz denomina-o de "centro coronário". Em suas palavras, é o "ponto de interação entre as forças determinantes do espírito e as forças fisiopsicossomáticas organizadas".[107]

Acredita-se que os egípcios das pirâmides também tenham tido conhecimento desse centro de energia, considerando a referência em seus pergaminhos ao chamado "olho de Hórus", que concederia aos iniciados a clarividência. Essa compreensão se mantém até hoje nos estudos esotéricos e iogues.

Erasístrato, na Grécia, 300 a.C., descreveu, para o Ocidente, pela primeira vez, a pineal humana. Galeno (130–200 d.C.) chamou-a *konarium,* em latim pineal, ou epífise — que cresce para cima. Descartes, no século XVII, acreditava que nela a alma se localizava: o *spiritus animalis.*

No século XX, com o estudo das glândulas endócrinas, cresceu o interesse pela pineal.

---

[107] XAVIER, Francisco Cândido. *Evolução em dois mundos.* Cap. 2.

A concepção médica, inicialmente, atribuía à pineal a função de inibir ou frear o amadurecimento dos órgãos genitais até que o indivíduo entrasse na puberdade, para depois se calcificar, tornando-se inativa, ou mero achado radiológico.

Recentes estudos anatômicos e fisiológicos concluíram que a epífise segue ativa após a puberdade e é incrustada por cristais de apatita, um dos poucos minerais sintetizados pelo organismo físico. O mesmo cristal é encontrado no esmalte dos dentes. É a presença da apatita, em maior ou menor quantidade, que dá à glândula sua radiopacidade e que levou os cientistas a crerem na sua calcificação.

Sabe-se que a pineal, entre outras substâncias, produz e libera na corrente sanguínea a melatonina, hormônio relacionado diretamente com os ciclos luz-escuro, atingindo seu pico por ocasião do sono, e que seria responsável também pela queda da temperatura corporal, indutora do adormecimento.

Pesquisas em desenvolvimento indicam que a melatonina tem efeito direto no sistema imunológico e inflamatório, elemento importante para as defesas orgânicas. Sendo um antioxidante, compreensão essa surgida em 2001, atua sobre os radicais livres, retardando os efeitos do envelhecimento. Seu excesso, porém, pode provocar a depressão.

André Luiz, na esteira dos pensamentos místicos mais profundos e na vanguarda das recentes descobertas científicas, afirma que a epífise tem papel preponderante em todo fenômeno mediúnico. Ele a define como "glândula da vida espiritual do homem".[108] No momento do transe ela brilha, pois é o ponto fisiológico de contato do pensamento do encarnado com o desencarnado.

---

[108] XAVIER, Francisco Cândido. *Missionários da luz*. Cap. 2.

Descrevendo o fenômeno, relata:

> Reconheci que, de fato, a glândula pineal do intermediário expedia luminosidade cada vez mais intensa.[109]

Dessa forma, as percepções do Plano Espiritual, mediúnicas ou anímicas,[110] atingem a epífise e são imediatamente encaminhadas aos lobos frontais,[111] na forma de impulsos elétricos, para serem armazenadas e tomarem a consciência do médium, que as elabora sob a forma de imagens.

A pineal, tanto na função orgânica quanto na captadora dos estímulos espirituais, está ativa permanentemente, mesmo sem o percebermos, e não somente durante a sessão mediúnica. Isso coloca a mediunidade ao lado dos demais sentidos orgânicos. Emmanuel define:

> Considerando-se a mediunidade como percepção peculiar à estrutura psíquica de cada um de nós, encontrá-la-emos, nos mais diversos graus, em todas as criaturas.
>
> À vista disso, podemos situá-la facilmente no campo da personalidade, entre os demais sentidos de que se serve o Espírito a fim de expressar-se e evolver para a vida superior.[112]

Considerada, a mediunidade, como um sentido a mais, ao lado dos que a alma se utiliza, quais sejam a visão, a audição e outros, temos de aceitá-la compondo o quadro das funções orgânicas involuntárias e em plena atividade.

---

[109] XAVIER, Francisco Cândido. *Missionários da luz*. Cap. 1.

[110] Nota do autor: Ver capítulo 12, anterior.

[111] Nota do autor: Ver capítulo 25, anterior.

[112] XAVIER, Francisco Cândido. *Seara dos médiuns*. Cap. "Mediunidade e alienação mental".

Uma vez que estamos mergulhados no Mundo Espiritual, a pineal estaria captando informações desse plano, embora sem o controle consciente do indivíduo. Comprovam tal assertiva os recursos metaorgânicos que, de maneira espontânea, assumem as funções cerebrais de forma inesperada, como a telepatia, a intuição, a sensibilidade a lugares, os sonhos premonitórios e demais ocorrências dessa natureza, que surgem fora da sessão de intercâmbio e não restrita aos médiuns ostensivos.

Devido à falta do hábito de prestar atenção ao que pensamos, temos dificuldade no reconhecimento da fonte originária das percepções coletadas pela pineal, do mesmo modo que um ruído passa despercebido ante as diversas preocupações que acodem nossa mente. Apesar disso, existem consequências, uma vez que os nossos pensamentos e as nossas emoções podem estar sendo assediados por mentes oportunistas, prenunciando desagradáveis resultados. Recordemos que Allan Kardec, em O *livro dos espíritos*, anota:

> Influem os Espíritos em nossos pensamentos e em nossos atos?
>
> "Muito mais do que imaginais. Influem a tal ponto que, de ordinário, são eles que vos dirigem."[113]

O hábito da oração, da meditação, o esforço para a serenidade mental ajudam a reconhecer pensamentos, dando condições de opor barreira àqueles que afluem à nossa mente, de origem negativa.

A ciência culminará por concluir que a prática mediúnica equilibrada é fonte de saúde física e mental, pois o contato com o Plano Espiritual Superior, a assistência caridosa

---

[113] KARDEC, Allan. *O livro dos espíritos*, 2ª pt., cap. 9, q. 459.

aos encarnados e desencarnados trazem harmonia psíquica ao medianeiro e provocam o equilíbrio de suas forças perispirituais.

Em relação à glândula pineal, o exercício da mediunidade com Jesus enseja sua benéfica estimulação, inundando o corpo com os valiosos hormônios do bem-estar fundamentais à estrutura orgânica geral.

Cabe ao médium servir cada vez mais, beneficiando-se com o bem que distribui.

25 LOBOS FRONTAIS

Restabelecendo-lhe a tranquilidade, o instrutor, em seguida, conservou as mãos apoiadas aos lobos frontais, agindo-lhe sobre as fibras inibidoras. Observei, então, nova mudança. [114]

[...]

Reparei que Eulália não registrava aquelas palavras com os tímpanos da carne. Encheram-se-lhe os lobos frontais de intensa luz. [115]

Em várias passagens, como a supracitada, André Luiz faz referência à proteção magnética dos lobos frontais do médium, visando conservar-lhe a saúde e o equilíbrio emocional, por ocasião do transe mediúnico. Em interessante análise da mente, chamada por ele de casa mental, os lobos frontais são situados no piso mais elevado de uma moradia de três pavimentos. Nessa região do cérebro, os impulsos espirituais elevados se concentrariam, permitindo mais ampla ligação com o Plano Espiritual Superior.

Observando a importância dessa região cerebral, em antevisão, comentou:

> Nos planos dos lobos frontais, silenciosos ainda para a investigação científica do mundo, jazem

---

[114] XAVIER, Francisco Cândido. *No mundo maior*. Cap. 9.
[115] Ibid. Cap. 9.

materiais de ordem sublime, que conquistaremos gradualmente, no esforço de ascensão, representando a parte mais nobre de nosso organismo divino em evolução.[116]

A ciência moderna vem confirmando o valor dessa região cerebral — os lobos frontais — para determinados fenômenos, até então desconhecidos.

Pesquisas anatomofisiológicas concluíram que os lobos frontais do córtex cerebral controlam, em especial, as habilidades motoras por nós aprendidas, a exemplo do ato de escrever, tocar instrumentos musicais ou dar um simples laço num sapato. Estudos de lesões nessas áreas do cérebro mostram que, dependendo de sua extensão, provocam apatia, falta de atenção, indiferença e até mesmo incontinência urinária. Em certos casos, causam euforia sem motivo aparente, argumentação excessiva, vulgaridade nas ações ou rudeza no trato comum. Danos mais graves levam o indivíduo a não ter consciência das consequências de seu comportamento. Os lobos frontais também são responsáveis pelos gestos e expressões faciais.

Numa análise psicológica, concebe-se ser essa região do cérebro controladora ou responsável pelas relações interpessoais. Essa afirmativa advém da teoria das inteligências múltiplas, desenvolvida em 1995 por Howard Gardner, psicólogo norte-americano, que define a inteligência como a capacidade para resolver problemas. Em sua proposta, a inteligência se caracteriza pelos talentos e habilidades mentais. Assim, o ser inteligente não é apenas aquele que sabe solucionar equações matemáticas, como propunha o superado teste de Quociente Intelectual (QI), de 1900, criado

---

[116] XAVIER, Francisco Cândido. *No mundo maior*. Cap. 3.

por Alfred Binet, psicólogo francês. Pela nova tese, esse procedimento mede apenas uma faceta da inteligência.

A grande contribuição de Gardner, em sua obra *Inteligências múltiplas: a teoria na prática*, foi mostrar a inteligência como uma complexa e multifacetada capacidade do cérebro de enfrentar situações inéditas, de forma única em cada indivíduo.

Gardner lastreou suas pesquisas em pacientes portadores de lesões cerebrais. Com as que afetam os lobos frontais, por exemplo, o indivíduo perde sua capacidade, entre outras, de bem relacionar-se com os outros ou consigo mesmo, mas mantém intata a habilidade lógico-matemática, que se localiza noutra região do cérebro. Ao concluir suas análises, o pesquisador propôs a existência de várias outras inteligências, tais como a lógico-matemática, a linguística, a musical, a corporal-cinestésica (relacionada com movimentos corporais, como a dança), espacial, pictórica (pintura).

Dentre as diversas inteligências estudadas por Gardner, destacamos duas diretamente relacionadas, segundo esse psicólogo, com os lobos frontais: a inteligência inter e intrapessoal.

A inteligência interpessoal, que envolve a habilidade de trabalhar em equipe, cooperativamente, estaria centrada no relacionamento entre as pessoas e na comunicação entre elas. Comunicação aqui entendida como a verbal e a não verbal. Por essa concepção, inteligente seria aquele que percebesse, com eficiência, alterações de humor, temperamentos, motivações ou intenções das outras pessoas. O indivíduo com essa inteligência seria capaz de se tornar empático, ao ponto de, intuitivamente, reconhecer emoções ocultas, desejos, medos e crenças em níveis elevados de empatia.

Por esse prisma, o portador da inteligência intrapessoal é dado à autorreflexão, à reflexão da reflexão, isto é, à metacognição, à sensibilidade perante a realidade espiritual, à percepção de aspectos internos de si mesmo, seus potenciais, qualidades essenciais à percepção mediúnica.

No âmbito neuroanatômico, cientistas buscam mapear o cérebro, pretendendo compreender-lhe o funcionamento.

Com o desenvolvimento da Medicina Nuclear, tem sido possível observar o estado fisiológico dos tecidos, ensejando ao pesquisador uma visão das áreas cerebrais envolvidas nas diversas funções orgânicas.

Aparelhos especializados têm dado suporte a esse crescente ramo da Medicina, em especial a tomografia computadorizada por emissão de fóton único, conhecida pela sigla SPECT (Single Photon Emission Computed Tomography).

Utilizando esse tomógrafo, os cientistas Andrew Newberg e Eugene D'Aquili identificaram a neuroanatomia que dá base à capacidade de ter uma experiência religiosa ou espiritual.

A neurocientista Jill B. Taylor, no livro *A cientista que curou seu próprio cérebro*, relata a experiência dos dois pesquisadores.

Monges tibetanos e freiras franciscanas foram convidados a meditar ou orar no interior de uma máquina de SPECT. A intenção era entender que áreas do cérebro estavam envolvidas no momento de uma alteração de consciência que pretendesse uma integração com Deus. Esse experimento identificou mudanças na atividade neurológica em regiões muito específicas do cérebro. Dentre outras, houve uma redução na atividade dos centros de linguagem, indicando silêncio da conversa interna; supressão da atividade na área de associação e orientação, responsável pela identificação pessoal dos limites físicos. Quando isso ocorre, perde-se de vista a percepção de onde se começa e se termina com relação ao espaço.

Um traço marcante nesse experimento foi a observação de intensa atividade nos lobos frontais, demonstrando que essa área responde prioritariamente aos estímulos da meditação e da oração.

Embora tais experiências necessitem de análises concludentes, é consenso que os lobos frontais constituem área cerebral de elevada hierarquia entre as demais regiões cerebrais.

Diante do avanço da compreensão intrínseca dos lobos frontais, pode-se compreender o porquê da especial atenção de André Luiz para com essa parte do cérebro.

Em termos de mediunidade, os lobos frontais seriam o repositório das percepções sutilizadas da alma. Tecnicamente, com a magnetização mais acentuada dessa região, na sessão mediúnica, a mente do médium se abre para o metafísico; os estímulos captados pela glândula pineal tornam-se mais claros; a percepção das emoções fica mais acurada; aguçam-se-lhe a intuição, a reflexão, a metacognição e a empatia, facilitando o intercâmbio espiritual.

Por isso, em todo transe mediúnico, ocorre a mencionada proteção aos lobos frontais pelos técnicos da Espiritualidade.

26 PROCESSO DA PSICOFONIA

Nessas circunstâncias, expressa-se a mensagem pelo sistema de reflexão, em que o médium, embora guardando o córtex encefálico anestesiado por ação magnética do comunicante, lhe recebe os ideogramas e os transmite com as palavras que lhe são próprias.[117]

André Luiz, tecendo comentários acerca da linguagem dos desencarnados, no livro *Evolução em dois mundos*, analisa o processo mediúnico de comunicação. Segundo ele, a entidade projeta imagens na mente sintonizada do medianeiro, que as verbaliza conforme suas condições pessoais.

Pelo que se depreende da epígrafe acima, o córtex cerebral é anestesiado magneticamente pelo comunicante, fator essencial para o estabelecimento da sintonia. A partir daí a mensagem a ser transmitida se reflete na mente do médium em forma de ideogramas, isto é, símbolos que serão registrados como uma ideia, uma frase, um nome, uma data, conforme a ligação mental estabelecida entre médium e Espírito. Considerando o potencial do encarnado para verbalizar o que captou, ou seja, sua capacidade interpretativa, o ditado se processará conforme o desejo do desencarnado.

---

[117] XAVIER, Francisco Cândido. *Evolução em dois mundos*, 2ª pt., cap. 2.

Isso ocorre de forma automática, quando os pensamentos alinhados do Espírito e do médium fluem sem resistência, caso em que, quanto maior a concentração do médium e sua prática mediúnica, melhor será a compreensão da mensagem.

Nesse processo temos de considerar a cultura e a moral do médium, armazenadas em seu inconsciente, fruto de suas experiências desta ou doutra encarnação. Esse patrimônio permitirá uma melhor decodificação do pensamento do comunicante.

No plano material, todos nos comunicamos com base na interpretação dos signos linguísticos que, segundo especialistas, são a materialização do pensamento em palavras. Criamos imagens mentais, damos a elas um significado ou conteúdo e, dessa forma, emitimos e recebemos informações.

No processo de psicofonia ocorre o mesmo. Pensamentos carregados de conteúdos são transmitidos pelo comunicante e assimilados pelo médium. Se esses conteúdos forem devidamente identificados, a mensagem se dará.

Assim, para certo médium, um nome, uma data nada significarão, ao passo que para outro serão significante e significado, conforme a interpretação desses dados. Isso ocorrerá espontaneamente. Se o médium, durante a recepção de uma mensagem, questionar o conteúdo do signo, perderá o fluxo dos pensamentos ou, na expressão de André Luiz, se desligará do reflexo projetado pelo Espírito.

Analisando o cérebro de uma médium, durante uma sessão mediúnica, André Luiz o compara a poderosa estação radiofônica, buscando explicar o processo de comunicação mente a mente:

> Centralizando a atenção, através de pequenina lente que Áulus nos estendeu, o cérebro de nossa

> amiga pareceu-nos poderosa estação radiofônica, reunindo milhares de antenas e condutos, resistências e ligações de tamanho microscópico, à disposição das células especializadas em serviços diversos, a funcionarem como detectores e estimulantes, transformadores e ampliadores da sensação e da ideia, cujas vibrações fulguravam aí dentro como raios incessantes, iluminando um firmamento minúsculo.[118]

Em termos atuais, provavelmente o autor teria relacionado o ambiente mental intracraniano a *chips*, transmissão digital de dados, satélite orbital ou equivalente.

Efetivamente, o cérebro é poderosa estação receptora e transmissora de informações. Segundo a Física Quântica, o pensamento é energia irradiável e captável, conclusão obtida a partir do estudo da eletrosfera do átomo.

Destarte, o processo de psicofonia é ajustamento de ideias e emoções, permuta de magnetismos, interação perispiritual, tradução de imagens, verbalização de signos, em vasta elaboração mental e neuroquímica.

O médium que pretenda um serviço elevado na mediunidade deve observar seus pensamentos e atitudes, ajustar-se às expectativas dos Espíritos superiores, tornando-se conscientemente passivo nas mãos deles, o que favorecerá a ocorrência do fenômeno de forma qualificada.

---

[118] XAVIER, Francisco Cândido. *Nos domínios da mediunidade*. Cap. 3.

27 CAPTAÇÃO DO PENSAMENTO DO COMUNICANTE

Todos os companheiros em posição receptiva estão absorvendo a emissão mental do comunicante, cada qual a seu modo. Repara calmamente. Circulei a mesa e vi que os raios de força positiva do mensageiro efetivamente incidiam em oito pessoas.[119]

No estudo do processo que leva ao transe mediúnico, André Luiz considera o comando positivo do comunicante, atingindo o cérebro do encarnado, como base da sintonia. Segundo a epígrafe, a entidade, ao irradiar sua presença no ambiente, será percebida por vários médiuns, que captarão, de forma consciente ou inconsciente, os pensamentos e sentimentos projetados, uns com maior, outros com menor clareza e intensidade.

Inicialmente, ideias comuns em torno do tema proposto pelo comunicante perpassarão pela mente de vários médiuns, que as interpretarão, individualmente, conforme a própria possibilidade.

André Luiz comenta:

---
[119] XAVIER, Francisco Cândido. *No mundo maior*. Cap. 9.

> Cada irmão recebia o influxo sugestivo, que de logo lhes provocava a livre associação dos psicanalistas.[120]

Tal influxo é a manifestação da vontade do comunicante de enviar a mensagem, representando um ato diretivo para a mente passiva do médium, que acolherá ou não a sugestão. Só então o médium dará livre curso aos pensamentos, à semelhança do que ocorre nos processos psicanalíticos, quando o paciente diz o que lhe vem à mente, sem nenhuma censura.[121]

Considerando a mente como poderosa estação receptora, aquele com maior afinidade e que se mantiver concentrado durante a sessão mediúnica, se sintonizará com o comunicante, passando a reproduzir-lhe as informações.

Nem todo médium consegue a sintonia satisfatória, porque a dúvida, a desatenção, a falta de prática, a autocrítica geram um isolamento mental, impedindo a recepção da mensagem.

Menciona André Luiz:

> Examinei também as três pessoas que se mantinham impermeáveis ao serviço benemérito daquela hora.[122]
>
> [...]
>
> Somente Eulália recebia o apelo do comunicante com mais nitidez.[123]

---

[120] XAVIER, Francisco Cândido. *No mundo maior*. Cap. 9.

[121] Nota do autor: Na Psicanálise, a livre associação e os sonhos formam a chave para se penetrar no inconsciente, base desse método terapêutico. O processo consiste em estimular o paciente a falar, sem nenhum exame crítico, o que lhe vem à mente. Na sequência, o analista interpreta os pensamentos, buscando a compreensão do inconsciente.

[122] XAVIER, Francisco Cândido. *Op. Cit.* Cap. 9.

[123] Ibid. Cap. 9

Como visto, caso o médium rejeite ou lance incerteza sobre suas próprias percepções, neutralizará a irradiação mental da entidade. Vencer tais inibições é o passo inicial para o transe produtivo.

Cumpre ao médium adequar a mente para o trabalho mediúnico. Exercícios de concentração, calma interior, hábito da prece, leituras edificantes estabelecem o equilíbrio dos pensamentos, apuram os potenciais mentais e ensejam clareza no momento da captação do ditado do comunicante.

28 CIRCUITO MEDIÚNICO

Aplica-se o conceito de circuito mediúnico à extensão do campo de integração magnética em que circula uma corrente mental, sempre que se mantenha a sintonia psíquica entre os seus extremos ou, mais propriamente, o emissor e o receptor.

O circuito mediúnico, dessa maneira, expressa uma "vontade-apelo" e uma "vontade-resposta", respectivamente, no trajeto ida e volta, definindo o comando da entidade comunicante e a concordância do médium, fenômeno esse exatamente aplicável tanto à esfera dos Espíritos desencarnados quanto à dos Espíritos encarnados, porquanto exprime a conjugação natural ou provocada nos domínios da inteligência, totalizando os serviços de associação, assimilação, transformação e transmissão da energia mental.[124]

André Luiz, visando esclarecer o modo de ocorrência da ligação mental entre médium e comunicante espiritual, durante o transe, no capítulo VI do livro *Mecanismos da mediunidade*, utiliza a imagem simplificada do circuito elétrico, em comparação com o circuito mediúnico.

Os elementos do circuito elétrico a que André Luiz se refere são o gerador elétrico (bateria, pilha ou dínamo de motor); o condutor de circuito fechado (o fio e a chave liga-desliga); e o receptor (elemento que dará o destino da

---

[124] XAVIER, Francisco Cândido. *Mecanismos da mediunidade*. Cap. 6.

energia circulante, que será uma lâmpada comum, um ferro elétrico, um chuveiro elétrico ou um motor).

Estabelecendo a equivalência, formam o circuito mediúnico: o Espírito comunicante, na condição de gerador; a corrente mental, que circula por intermédio do condutor de circuito fechado, aqui expressando a integração magnética perispiritual entre médium e comunicante, simbolizado pelo fio e chave liga-desliga; e o médium, receptor que dará destino ao fluxo estabelecido, que no caso será o ditado psicofônico, o passe, a psicografia. O sistema contemplaria o processo de "associação, assimilação, transformação e transmissão da energia mental", como dito na epígrafe.

O circuito mediúnico se forma no momento em que a vontade-apelo ou adesão-ativa dirigida ao médium é acolhida e este emite de volta ao comunicante uma adesão-passiva ou vontade-resposta, representando o acolhimento por parte do médium ao convite da entidade, isto é, a concordância.

No curso do transe, o circuito mediúnico permanece fechado, do mesmo modo que, para o funcionamento do aparelho elétrico, o interruptor mantém-se ligado. A mínima oscilação da corrente mental abre o circuito, ou seja, ele se desarma, desligando o sistema.

Nos aparelhos elétricos, a voltagem de 12, 110 ou 220 volts deve ser ajustada para segurança e perfeito funcionamento do equipamento. Do mesmo modo, o comunicante precisa adequar-se à frequência mental do médium, sob pena de o transe não ocorrer.

Segundo André Luiz, outros fatores devem ser considerados no circuito mediúnico, que ele denomina de resistência, indutância e capacitância mediúnicas.

28.1 Resistência mediúnica

O esforço despendido na manutenção do circuito mediúnico gera perda de energia por parte do médium, semelhante ao que ocorre com a energia elétrica, que se dissipa enquanto circula da fonte ao receptor por meio do fio condutor, vencendo o atrito mecânico. Tal atrito advém do choque dos elétrons entre eles mesmos e com os do material. A esse fenômeno dá-se o nome de resistência elétrica. Os materiais encontrados na Natureza possuem maior ou menor resistência. Na prata, a resistência à circulação da energia elétrica é pequena; no cobre, é intermédia; já no chumbo é de grande resistência.

Em mediunidade, temos a resistência mediúnica, que se constitui na dificuldade oferecida pela mente do médium em manter a circulação de energia psíquica advinda do comunicante. Essa resistência liga-se a "inibições e desatenções do médium",[125] que dificultam o equilíbrio energético do circuito mediúnico, ensejando perda da força mental que sustenta a comunicação.

Comentando a denominada resistência mediúnica, assinala André Luiz:

> Igualmente no circuito mediúnico, a resistência significa a dissipação de energia mental, destinada à sustentação de base entre o Espírito comunicante e o médium.[126]

---

[125] XAVIER, Francisco Cândido. *Mecanismos da mediunidade*. Cap. 7.
[126] Ibid. Cap. 7.

28.2 Indutância mediúnica

Para que o fluxo dos pensamentos do comunicante incida sobre a mente do médium, ocorre uma movimentação de energia magnética, que mantém a corrente mental. Em eletricidade, essa energia ou força magnética denomina-se indutância. A propriedade de indução no circuito elétrico movimenta o fluxo energético ao receptor. É ela que equilibra o movimento das cargas elétricas, a corrente elétrica. No circuito mediúnico, a vontade-ativa do comunicante sustenta a corrente mental, induzindo o fluxo mental ao médium: é a indutância mediúnica.

Se o circuito mediúnico for abruptamente interrompido em decorrência da indutância mediúnica, ocorrerá perigosa descarga elétrica, ensejando consequências danosas à saúde física, perispiritual e emocional do médium. Numa comparação, se um aparelho elétrico em funcionamento for desconectado abruptamente, sem a diminuição gradativa da energia circulante, sofrerá estragos irreparáveis à sua constituição.

André Luiz alude à indutância mediúnica da seguinte forma:

> Também no circuito mediúnico verifica-se a mesma propriedade, ante a energia mento-eletromagnética armazenada no campo da associação mental, entre a entidade comunicante e o médium, provocada pelo equilíbrio entre ambos, obstando possíveis variações.[127]

---

[127] XAVIER, Francisco Cândido. *Mecanismos da mediunidade*. Cap. 6.

28.3 Capacitância mediúnica

Durante o transe mediúnico, são armazenadas nas células cerebrais do médium as informações, imagens e emoções do comunicante. Mediante a capacidade interpretativa da mente do intermediário, tais informações retornam ao circuito mediúnico, estabelecendo-se a sintonia. A essa capacidade armazenativa ou de condensação, na comparação com o circuito elétrico, André Luiz denomina "capacitor". No rádio comum ou televisor, por exemplo, a possibilidade variável do capacitor ou variação na liberação da energia acumulada denomina-se "capacitância". É isso que permite a sintonia com várias emissoras. Como nesses aparelhos, no médium, sua possibilidade de condensação ou armazenamento e liberação do conteúdo transmitido pela entidade indica a margem ou a amplitude de capacidade de sintonia com esta ou aquela entidade. A essa faculdade podemos denominar "capacitância mediúnica".

Sobre a capacitância mediúnica, André Luiz registra:

> Os elementos suscetíveis de condensar essas possibilidades, no campo magnético da conjunção mediúnica, expressam-se na capacidade conceptual e interpretativa na região mental do médium, que acumulará os valores recebidos da entidade que o comanda, devolvendo-a com a possível fidelidade ao serviço do circuito mediúnico na ação do intercâmbio.[128]

Em resumo:

a) Resistência mediúnica são as inibições e desatenções do médium, dissipadoras de energia;

---

[128] XAVIER, Francisco Cândido. *Mecanismos da mediunidade*. Cap. 6.

b) Indutância mediúnica: vontade-ativa do comunicante que sustenta a corrente mental;

c) Capacitância mediúnica: amplitude de capacidade de sintonia mediúnica.

Compreendendo a importância das comparações acima, para perfeita assimilação dos conceitos expendidos, André Luiz adita:

> Essas analogias são valiosas, compreendendo-se, então, por que motivo, nas tarefas mediúnicas, organizadas para fins nobres, é sempre necessário a formação de um circuito em que cada médium permanece subordinado ao tradicional "Espírito guia" ou determinado orientador da Espiritualidade. [129]

Segundo se observa, à medida que o médium se responsabiliza por serviços junto à Espiritualidade, ajusta-se ao seu campo mental entidade espiritual que lhe coordena as percepções metafísicas, na modalidade de circuito mediúnico permanente, facilitando, dessa maneira, as tarefas a serem realizadas, sem as oscilações de sintonia tão comuns em médiuns iniciantes.

Arrematando, seguem algumas ponderações, merecedoras de reflexão:

> É preciso que o médium ou os médiuns em conjunção para determinada tarefa se consagrem, de boamente, à manutenção do pensamento constante de aceitação ou adesão ao plano da entidade ou das entidades da Esfera Superior que se proponham a utilizá-los em serviço de elevação ou socorro. [130]

---

[129] XAVIER, Francisco Cândido. *Mecanismos da mediunidade*. Cap. 6.
[130] Ibid. Cap. 7.

O médium que pretenda colaborar junto às almas elevadas, a benefício do próximo, necessita aderir aos propósitos sublimes que a tarefa no bem preconiza, em especial a renúncia. Deve fazê-lo com alegria, de tal modo que o sacrifício ou as disciplinas a que se submeta não lhe constituam um peso, mas motivo de felicidade, por estar ao lado de entidades que laboram em nome do amor, por Jesus Cristo.

> Precisarão abolir tudo o que lhes constitua preocupações extras, tanto no que se refira à perda de tempo quanto no que se reporte a interesses subalternos da experiência vulgar, sustentando-se, por esforço próprio e não por exigência dos Espíritos benevolentes e sábios, em clima de responsabilidade, alegremente aceita, e de trabalho voluntário, na preservação e enriquecimento dos agentes condutores da sua vida mental. [131]

É natural que a lida diária, nas obrigações que a existência impõe, traga preocupações, às vezes de vulto. No entanto, a advertência de André Luiz aos médiuns submetidos à sintonia contínua é para não perderem a serenidade interior, mesmo diante dos grandes testemunhos que diuturnamente surgem no caminho. São as preocupações extras que impedem o adequado campo mental e a suficiente base emocional para o benefício que se pretenda realizar pela mediunidade.

Ainda no que diz respeito ao estudo da sustentação do circuito mediúnico, pondera o autor aos médiuns que o aperfeiçoamento das qualidades pessoais, quais sejam o desinteresse, o desprendimento, o sacrifício voluntário, assim como a busca da cultura geral, estimulam as possibilidades psíquicas, promovem sua elevação espiritual e aproxima-os daqueles que lhes coordenam as ações no campo da

---

[131] XAVIER, Francisco Cândido. *Mecanismos da mediunidade*. Cap. 7.

assistência mediúnica caridosa. É o que se deduz do excerto que se segue:

> Quanto mais se lhe acentuem o aperfeiçoamento e a abnegação, a cultura e o desinteresse, mais se lhe sutilizam os pensamentos, e, com isso, mais se lhe aguçam as percepções mediúnicas, que se elevam a maior demonstração de serviço, de acordo com as suas disposições individuais.[132]

---

[132] XAVIER, Francisco Cândido. *Mecanismos da mediunidade*. Cap. 18.

29 SINTONIA

> *No mediunismo comum, portanto, o colaborador servirá com a matéria mental que lhe é própria, sofrendo-lhe as imprecisões naturais diante da investigação terrestre; e, após adaptar-se aos imperativos mais nobres da renúncia pessoal, edificará, não de improviso, mas à custa de trabalho incessante, o templo interior de serviço, no qual reconhecerá a superioridade do programa divino acima de seus caprichos humanos. Atingida essa realização, estará preparado para sintonizar-se com o maior número de desencarnados e encarnados, oferecendo-lhes, como a ponte benfeitora, oportunidade de se encontrarem uns com os outros, na posição evolutiva em que permaneçam, através de entendimentos construtivos.*[133]

Como visto no capítulo anterior, a capacitância mediúnica indica a amplitude de sintonia psíquica do médium. Noutras palavras, quanto maior for a capacidade armazenativa do fluxo de pensamentos da entidade comunicante e a interpretação desses pensamentos, mais ampla será a possibilidade de sintonia do médium com entidades variadas.

Isso, porém, não é ato puramente mecânico.

Cada médium possui um espectro mental que lhe permite sintonizar com certa categoria de entidades, estacionadas na mesma faixa de pensamentos, a exemplo do que ocorre no campo eletrônico, em que aparelhos conseguem, mediante a onda emitida e recebida, contatarem outros na

---
[133] XAVIER, Francisco Cândido. *No mundo maior*. Cap. 9.

mesma frequência. A amplitude depende da equipagem do emissor e do receptor. Aparelhos existem que se ajustam tão somente à distância de poucos metros; outros atravessam continentes. Igualmente, o pensamento de cada médium emite radiações em frequências específicas. Em razão de sua matéria mental, sofrerá as imprecisões ensejadas por seus recursos psíquicos. Para ampliar seus potenciais, deve elevar seu padrão de conhecimentos e dar-se à renúncia, o que lhe conferirá condições psíquicas para assimilar as correntes mentais de um grupo maior de entidades, em um serviço mais amplo a benefício do próximo.

Quando o médium atinge o grau de amadurecimento suficiente para gozar da confiança dos orientadores espirituais, dedicando-se à mediunidade com desprendimento e esforço, anulando até mesmo desejos pessoais, em prol do bem comum, estabelece a sintonia contínua com entidades elevadas, que passam a orientá-lo no serviço cristão. Para o sustento dessa sintonia, André Luiz menciona a existência de aparelhos na esfera espiritual, que são colocados na cabeça do médium, favorecendo a emissão e a captação de pensamentos:

> Na cabeça, dentre os cabelos grisalhos, salientava-se pequeno funil de luz, à maneira de delicado adorno.[134]

Em relação a esse aparelho, explica o autor:

> É um aparelho magnético ultrassensível com que a médium vive em constante contato com o responsável pela obra espiritual que por ela se realiza, pelo tempo de atividade na causa do bem e pelos sacrifícios a que se consagrou,

---

[134] XAVIER, Francisco Cândido. *Nos domínios da mediunidade*. Cap. 16.

Ambrosina recebeu do Plano Superior um mandato de serviço mediúnico. [135]

Mandato mediúnico é a entrega total do médium à causa do bem, sem prejuízo das responsabilidades que a existência corpórea lhe impõe. Disciplina, perdão, sacrifício passam a constituir atos naturais, pois sabe que o mundo não pode oferecer mais do que dispõe: a felicidade relativa. Todos os médiuns, cada qual no tempo próprio, experimentarão o mandato mediúnico. Nesse dia eles exclamarão: "Senhor, faça-se em mim a Tua vontade!".

---

[135] XAVIER, Francisco Cândido. *Nos domínios da mediunidade*. Cap. 47.

30 CONCENTRAÇÃO MENTAL E CONCENTRAÇÃO MEDIÚNICA

Ora, se os amigos encarnados não tomam a sério as responsabilidades que lhes dizem respeito, fora dos recintos de prática espiritista, se, porventura, são cultores da leviandade, da indiferença, do erro deliberado e incessante, da teimosia, da inobservância interna dos conselhos de perfeição cedidos a outrem, que poderão concentrar nos momentos fugazes de serviço espiritual?[136]

Concentrar é fixar a atenção em uma determinada imagem ou ideia, num ato mecânico da mente. Esse o entendimento geral. André Luiz, em compreensão avançada, amplia o significado do termo, dando-lhe nova dimensão. Segundo a citação acima, a concentração tem ligação direta com os pensamentos e o comportamento que se adota no dia a dia.

Assim, a concentração seria o resultado de uma vida regrada e não do simples hábito de manter a atenção naquilo que se realiza. Na visão dos Espíritos superiores, seriam impeditivos à concentração a irresponsabilidade com os deveres pessoais, o cultivo da leviandade, a indiferença, a

---

[136] XAVIER, Francisco Cândido. *Os mensageiros*. Cap. 47.

persistência no erro, a teimosia e a falta de esforço no aperfeiçoamento interior.

Por esse prisma, temos duas modalidades de concentração: a mental e a mediúnica. A primeira, de natureza técnica, é fruto de exercícios habituais; a última, resultado de uma vida espírita-cristã.

Praticar concentração mental é útil, pois auxilia a focar a atenção, evitando dispersar a observação em determinado objeto, assunto, imagem ou leitura.

Na concentração mediúnica, o médium deve se acostumar a manter a mente num objetivo, que é a reforma interior, auferindo, com isso, a presença, a assistência e a sintonia com os bons Espíritos, estruturando uma consciência isenta de graves preocupações.

A concentração mediúnica, como definida pelo autor espiritual, é condição para um transe sem oscilações. Na ausência da eficaz concentração, a mensagem espiritual será imprecisa.

As ponderações de André Luiz vêm ao encontro da queixa mais comum dos médiuns neófitos: a dificuldade em manter a mente focada durante toda a sessão mediúnica. Muitos alegam que, ao diminuir das luzes, não conseguem impedir a fuga dos pensamentos.

Para a fixação dos pensamentos durante a sessão de intercâmbio, o médium deve exercitar as duas formas de se concentrar.

A concentração mental pede técnica e prática diária. Muito contribuíram os orientais na elaboração de métodos que levam à fixação da mente num objeto. Desde o simples exercício de projetar no pensamento uma flor, por exemplo, mantendo a imagem o maior tempo possível até àqueles que trabalham a mente e o corpo, todos auxiliam os que ainda não conseguem aquietar os pensamentos. O médium poderá lançar mão daquele que melhor lhe convier.

A concentração mediúnica exige mais: o esforço diário de vencer a nós mesmos, na assunção das responsabilidades que o saber espírita enseja. É a dedicação à melhoria do próprio comportamento que dará a devida condição ao médium de sustentar a mente num trabalho com as almas elevadas que diuturnamente se aproximam das sessões de intercâmbio voltadas ao bem, em nome de Jesus.

A prática mediúnica elevada é resultado de crescimento moral.

Não basta cerrar os olhos para que o transe se conduza em moldes de espiritualidade luminosa.

Toda produção que traga o selo dos Espíritos de luz conta com o intermediário cônscio do dever de ser, ao menos um pouco, o espelho dos conceitos que distribui. Obviamente as almas elevadas conhecem as limitações dos médiuns com os quais se comprometeram, mas elas esperam que o trabalho estimule o tutelado a se empenhar na conquista da luz que sustenta, na sua transformação a benefício de seu progresso espiritual. Aí sim, a concentração será ato natural na alma operosa e dedicada.

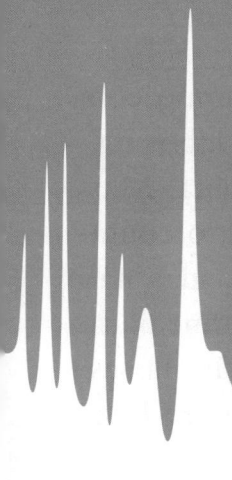

31 CONHECENDO O PACIENTE

É imperioso observar que os médiuns psicofônicos auxiliarão com mais eficiência se puderem conhecer, de perto, os enfermos que lhes solicitam socorro [...].[137]

Aqui André Luiz recomenda aos médiuns psicofônicos que conheçam os pacientes que buscam a desobsessão, para auxiliarem com maior eficiência.

Uma vez familiarizado com o enfermo trazido à desobsessão, o médium reconhecerá com mais facilidade o conteúdo do pensamento da entidade que o perturba, estabelecendo a corrente psíquica necessária ao transe assistencial.

Muitos médiuns fogem desse contato com o assistido, receosos de entrarem num processo de mistificação inconsciente ou animismo, o que nem sempre ocorre. Num agrupamento de servidores sinceros a confiança deve imperar. O médium adestrado saberá diferenciar seus pensamentos do fluxo de ideias do comunicante espiritual.

O circuito mediúnico formado entre o médium e o Espírito, sob a supervisão de orientadores espirituais, se intensifica no momento em que o medianeiro responde mentalmente ao apelo do desencarnado. Isso é facilitado pelo conhecimento prévio da matéria.

---

[137] XAVIER, Francisco Cândido. *Desobsessão*. Cap. 69.

A prática demonstra que o contato do enfermo com o psicofônico é relevante sobretudo no início do labor mediúnico, quando o médium aperfeiçoa sua sintonia. Mais tarde, quando estiver seguro de suas percepções, o contato torna-se secundário ou mesmo desnecessário, mas não deve ser desmerecido. Em nada prejudica o intermediário familiarizar-se com os atendimentos que ocorrerão na sessão destinada à desobsessão. Como vimos em André Luiz, existem benefícios.

No entanto, ainda existem aqueles que lançam dúvidas sobre a idoneidade da manifestação mediúnica quando o médium conhece o enfermo e as dificuldades que o cercam. Tal procedimento denota pouca compreensão do mecanismo de sintonia mediúnica.

Tanto é assim que André Luiz relata, no capítulo 16 do livro *Missionários da luz,* o esforço excepcional dos orientadores espirituais para a ocorrência de determinada comunicação mediúnica, que foi indevidamente rechaçada pelos que a presenciaram em virtude do convívio do instrumento mediúnico com a família da entidade desencarnada. Eis um breve resumo do caso:

> Não podemos aceitar a pretensa incorporação de Dionísio. Otávia conhece todos os pormenores de sua vida passada, permanece quase que diariamente em contato com a família, e o Espírito comunicante não revelou particularidade alguma, pela qual pudesse ser identificado.[138]

Num desabafo, o autor registra a impressão que o comportamento do grupo lhe causou:

---

[138] XAVIER, Francisco Cândido. *Missionários da luz.* Cap. 16.

> Nunca experimentei tanta decepção como nesses instantes em que examinava o processo de incorporação mediúnica. Ninguém ali ponderava as dificuldades com que Euclides, o bom cooperador espiritual, fora defrontado para trazer à casa o conforto daquela noite.[139]

Arremata:

> Quase todas as pessoas terrestres, que se valem de nossa cooperação, se sentem no direito de duvidar. É muito raro surgir um companheiro que se sinta com o dever de ajudar.[140]

A crítica precipitada é tão prejudicial à avaliação de uma mensagem mediúnica quanto a aceitação sem critérios. A reflexão de André Luiz conduz à apreciação do objetivo da comunicação mediúnica. A busca por novidades, revelações ou detalhes da condição do comunicante desviam a função precípua da mediunidade, que, na atualidade, será sempre o consolo e a orientação geral. Fora disso é seguir rumo a perigosas aventuras.

31.1 Manifestação mediúnica na casa do enfermo

Um aspecto importante a considerar, quando em visitas a enfermos, é a improvisação de sessão mediúnica.

André Luiz alerta para esse fato:

> Na visita a qualquer doente, a equipe deve abster-se da ação mediúnica.[141]

---

[139] XAVIER, Francisco Cândido. *Missionários da luz*. Cap. 16.
[140] Ibid. Cap. 16.
[141] Id. *Desobsessão*. Cap. 68.

O transe imprevisto enseja a invasão de entidades oportunistas, bem como pode causar desgastes físicos e emocionais no médium, desnecessariamente.

Assim, quando em visitas a enfermos, mesmo que se percebam entidades que estejam influenciando-os negativamente, o médium deve evitar o transe, exercitando o autocontrole, ao mesmo tempo que, mentalmente, pode convidar a entidade a comparecer à sessão mediúnica apropriada. Tal atitude será secundada pelos orientadores espirituais do grupo mediúnico, que se incumbirão dos encaminhamentos apropriados.

32 SÍNDROME DO DIA DA SESSÃO MEDIÚNICA

> *Permite que a consorte nos ajude, em vista da insistência de parentes consanguíneos dele, dedicados à nossa causa e que, influenciados por nós, não lhe permitem afastá-la. [...] Assustada, a bondosa senhora sofreu tremendo choque nervoso que lhe atingiu o fígado, encontrando-se, no momento, sob forte perturbação gastrintestinal. [...] Oh! — exclamei, fixando a pobre mulher — não teremos alguém que a substitua? Ela está quase cambaleante... [...] Não poderemos trazer alguém que faça as vezes de Otávia, dum instante para outro. [...] Nada de sessões! Hoje, não! [...] Leonardo foi atender e, em breves minutos, uma entidade desencarnada, muito simpática, penetrava o interior, acompanhando uma velha senhora de semblante acolhedor e risonho. [...] Ainda bem que a luta do dia terminou — disse a respeitável matrona, dirigindo-se à médium, depois das primeiras saudações —, vim até aqui para irmos juntas. [...] Otávia poderá ir, quando quiser, desde que seja em sua companhia.*[142]

André Luiz, no capítulo 16 do livro *Missionários da luz*, intitulado "Incorporação", aborda as dificuldades da médium Otávia para comparecer à sessão mediúnica no Centro Espírita.

---

[142] XAVIER, Francisco Cândido. *Missionários da luz*. Cap. 16.

Nas transcrições anteriores, constam breves referências aos percalços que ocorreram na noite destinada à assistência desobsessiva. O esposo de Otávia, Leonardo, sob forte influência perturbadora, proibiu-a de ir à casa espírita.

Após longo preparo da equipe espiritual para a manifestação de determinada entidade, a ausência da médium frustraria as expectativas dos lidadores desencarnados, ensejando consequências danosas.

A solução encontrada pelos mentores do trabalho foi levar até a casa de Otávia certa senhora, familiar de Leonardo, que dissuadiu o esposo desequilibrado de impedir a esposa de sair de casa e acompanhou-a ao Centro Espírita, embora a contragosto dele e dos obsessores que o assediavam.

Não é raro encontrarmos médiuns em luta árdua para frequentarem assiduamente a sessão mediúnica. Imprevistos e contratempos sempre aparecem. No entanto, a consciência de que estão integrados a um sistema de intercâmbio mediúnico complexo deve animar os médiuns na superação de toda dificuldade.

Em função disso, o dia da sessão mediúnica requer atenção para o êxito do trabalho.

Horas antes da sessão, o manifestante liga-se psiquicamente ao médium para o estabelecimento da sintonia. A prece, o recolhimento, mesmo que por instantes, permitem o ajustamento fluídico entre ambos.

Sobre esse prévio contato, esclarece André Luiz:

> Conduzi-lo-ei em nossa companhia, deixando-o, na residência da médium, com algumas horas de antecedência, para que você encontre facilidades no serviço de harmonização.
>
> [...]

> Nesta parte da casa — explicou-nos o guia acolhedor — a nossa irmã Otávia costuma fazer meditações e preces. A atmosfera reinante, aqui, é, por isso, confortadora, leve e balsâmica. Estejam à vontade. Em vista de ser hoje um dos dias consagrados ao serviço mediúnico, terminará ela os trabalhos da refeição da tarde, mais cedo, a fim de orar e preparar-se. [143]

Para o médium psicofônico, o dia da reunião de desobsessão tem características peculiares. Não raro, desde a noite que antecede o dia da sessão, o médium tem sensações ligadas ao trabalho, resultado do prévio encontro que tem com as entidades que serão atendidas. É comum ocorrerem sonhos agitados, insônia ou pesadelos e, quando o dia surge, um mal-estar indefinido pode se apossar do medianeiro.

Daí todo cuidado nas horas que precedem a reunião mediúnica, pois o médium estará captando e irradiando as emoções e os pensamentos do desencarnado.

Um abatimento, um desânimo ou mesmo leve depressão podem invadir o psicofônico. Dependendo do grau de enfermidade do Espírito que se comunicará, surgirão dores pelo corpo. Alguns apresentam inapetência. Conforme o caso, irritabilidade, choro sem motivo, pensamentos confusos, vertigem e outros. A tal conjunto de sinais e sintomas de percepção subjetiva nominaríamos de síndrome do dia da sessão mediúnica, pois são ocorrências episódicas que desaparecem após o transe, quando ficam normalizadas as funções mentais e orgânicas do médium.

Sensações como as descritas levam os médiuns sem o devido estudo e sem o adequado comprometimento a

---

[143] XAVIER, Francisco Cândido. *Missionários da luz*. Cap. 16.

abandonarem a seara espírita. No entanto, não poderia ser assim. O intermediário deveria sentir-se feliz por servir a uma causa de tamanha nobreza, qual a de socorrer, ao lado de entidades angélicas, os enfermos e os sofredores do Plano Astral. Necessitaria compreender que esse clima de tarefas lhe promove o aprimoramento da alma e disso não se queixar.

Portanto, o medianeiro deve inaugurar o dia da sessão de intercâmbio com a luz da oração, evitar desgastes físicos desnecessários, manter-se em tranquilidade mental, sem se furtar às obrigações pessoais, como o trabalho profissional e os deveres de família.

Outros cuidados devem ser tomados. Relacionamos alguns, colhidos do livro *Desobsessão*:

> No dia marcado para as tarefas de desobsessão, os integrantes da equipe precisam, a rigor, cultivar atitude mental digna, desde cedo.[144]

> Estômago cheio, cérebro inábil.[145]

> Relaxe, com ideações edificantes.[146]

> Ligue as tomadas do pensamento para o Alto.[147]

> Necessário vencer os percalços que o tempo é capaz de oferecer.[148]

> Nada de vozerio, tumulto, gritos, gargalhadas.[149]

---

[144] XAVIER, Francisco Cândido. *Desobsessão*. Cap. 1.
[145] Ibid. Cap. 2.
[146] Ibid. Cap. 3.
[147] Ibid. Cap. 4.
[148] Ibid. Cap. 5.
[149] Ibid. Cap. 11.

O psicofônico não deve esquecer que está momentaneamente sintonizado com entidades sofredoras, perturbadas, enfermas e que se ele, médium, capta tudo isso das entidades, os desencarnados, por sua vez, colhem, igualmente, suas emoções e pensamentos. Por isso André Luiz adverte: "Toda referência verbal é fator de indução".[150]

Justo acrescer ao rol de cuidados a abstenção das bebidas alcoólicas, do fumo e do desgaste de energia sexual.

É nesse clima de recolhimento, de renúncia, de sacrifício que o médium se redime, se equilibra e culmina por vencer a si mesmo na grande jornada da ascese espiritual.

---

[150] XAVIER, Francisco Cândido. *Desobsessão*. Cap. 12.

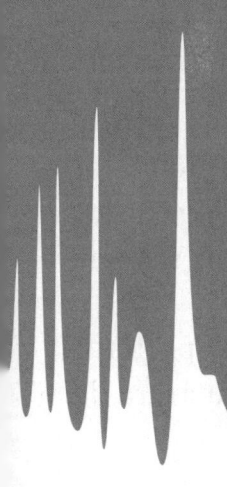

33 PRÓDROMOS DO TRANSE

Euclides acomodou Dionísio ao lado dela, e, enquanto a médium se concentrava em oração, o dedicado amigo aplicava-lhe passes magnéticos, fortalecendo os nervos das vísceras e ministrando, ao que percebi, vigorosas cotas de força, não somente às fibras nervosas, mas também às células gliais.[151]

Os momentos que antecedem a psicofonia, os quais poderiam ser chamados de pródromos do transe mediúnico, constituem instantes de especial atenção dos técnicos do Plano Espiritual encarregados de adequar o corpo, a mente e o perispírito do médium para a formação do circuito mediúnico e, consequentemente, para a recepção da mensagem.

André Luiz descreve esse momento com riqueza de detalhes. Segundo ele, o comunicante posta-se ao lado do médium. A partir daí, por meio de passes, irradiam-se fluidos que ligam ambos, formando o circuito mediúnico.

Pela epígrafe acima, os Espíritos técnicos concentram a energia dos passes no sistema nervoso, central e periférico, carregando-o de magnetismo, fundamental para a circulação da corrente mental que se formará.

---

[151] XAVIER, Francisco Cândido. *Missionários da luz.* Cap. 16.

> Aos poucos, sob a influenciação de Euclides, formou-se um laço fluídico que ligou a médium ao próximo comunicante. [152]

No cérebro do médium ocorre uma condensação maior de energias, que têm a função de intensificar o fluxo dos pensamentos, ao mesmo tempo que resguardam o sistema nervoso central, aqui incluídos neurônios e glias.[153]

A psicofonia exige um envolvimento fluídico protetor específico do centro cerebral da linguagem e musculatura da boca, garganta, laringe, tórax e abdômen:

> Mediunicamente falando, as medidas são as mesmas adotadas nos casos de psicografia comum, acrescentando-se, porém, que necessitaremos proteger, com especial carinho, o centro da linguagem na zona motora, fazendo refletir nosso auxílio magnético sobre todos os músculos da fala, localizados ao longo da boca, da garganta, laringe, tórax e abdômen.[154]

No capítulo 1 do livro *Missionários da luz*, André Luiz faz uma análise descritiva da preparação do médium para o transe psicográfico, a que remetemos o leitor. Segundo ele, na psicofonia o preparo é o mesmo, ou seja, na fase preliminar do transe, vigoroso auxílio magnético é projetado sobre as glândulas, que, em nível perispiritual, tornam-se,

---

[152] XAVIER, Francisco Cândido. *Missionários da luz*. Cap. 16.

[153] Nota do autor: Segundo estudos médicos, além dos neurônios, o sistema nervoso apresenta-se constituído pelas células gliais, cuja função é dar sustentação aos neurônios e auxiliar o seu funcionamento. As células da glia constituem cerca de metade do volume do nosso encéfalo. Há diversos tipos de células gliais. Os astrócitos, por exemplo, dispõem-se ao longo dos capilares sanguíneos do encéfalo, controlando a passagem de substâncias do sangue para as células do sistema nervoso. Os oligodendrócitos e as células de Schwann enrolam-se sobre os axônios de certos neurônios, formando envoltórios isolantes. Disponível em: <www.hcnet.usp.br>. Acesso em: 2 out. 2005.

[154] XAVIER, Francisco Cândido. *Missionários da luz*. Cap. 16.

aos poucos, núcleos luminosos, destacando-se, no conjunto, a epífise. Os dutos medulares, energeticamente carregados, igualmente se iluminam, com o início da circulação da corrente mental. O sistema nervoso simpático, encarregado dos movimentos involuntários do coração, por exemplo, é devidamente protegido, assegurando a harmonia fisiológica durante o transe. A adrenalina, substância que inunda o corpo de forças úteis em reações vigorosas, mediante ação dos Espíritos, sobretudo em nível das suprarrenais, é progressivamente liberada, o que leva a uma taquicardia, demonstrando o acúmulo de energia nos músculos e órgãos, ajustando o organismo para a incorporação que virá. Em nível celular, as mitocôndrias, "motores celulares", principiam um metabolismo mais intenso, elevando as cotas energéticas vitais para o consumo de forças que ocorre durante o transe. Adita o autor:

> Determinou que alguns colaboradores dos nossos auxiliassem o sistema endocrínico, de maneira geral, e proporcionassem ao fígado melhores recursos para a normalização dos intestinos, em virtude das necessidades do momento, para que o aparelho mediúnico funcionasse com a possível harmonia. [155]

Pela ligação mental que se inicia, é comum, dependendo da entidade comunicante, além da taquicardia, o médium ser acometido de mal-estar repentino, dor de cabeça, ansiedade, tristeza sem causa aparente, turvação mental, torpor. Nesse momento, o médium deve tranquilizar-se e aderir mentalmente ao que ocorre, cônscio de que todo o preparo é conduzido por entidades elevadas que lhe darão equilíbrio físico, sustentação emocional e vigor perispiritual:

---
[155] XAVIER, Francisco Cândido. *Missionários da luz*. Cap. 16.

> Valendo-se do concurso magnético que lhe fora oferecido, a médium sentia-se francamente mais forte. Mais uma vez, contemplava, admirado, o fenômeno luminoso da epífise e acompanhava o valioso trabalho de Alexandre na técnica de preparação mediúnica, reparando que ali o incansável instrutor se detinha mais cuidadosamente na tarefa de auxílio a todas as células do córtex cerebral, aos elementos do centro da linguagem e às peças e músculos do centro da fala.[156]

Importa considerar, em observação ao exposto, que o recato é útil ao médium e a toda a equipe, nos momentos iniciais da sessão, em virtude do trabalho empreendido pelos Espíritos coordenadores das tarefas. Desde a entrada no ambiente destinado à sessão, deve o grupo atender à serenidade, ao recolhimento, aos gestos comedidos, cientes de que o momento não permite a efusão de cumprimentos ou alegria desmedida. A agitação física e mental, o vozerio alteram os fluidos ambientes, magnetizados com antecedência, e de consequência perturbam os psicofônicos e os desencarnados com eles sintonizados. André Luiz, descrevendo a sala mediúnica, registra: "Observei, admirado, que eles magnetizavam o próprio ar".[157]

Acerca das atividades da equipe do Plano Espiritual, anota o autor:

> Atingimos o vasto salão daquela oficina de espiritualidade, quando faltava precisamente um quarto para as vinte horas. Como sempre, os trabalhadores de nosso plano eram

---

[156] XAVIER, Francisco Cândido. *Missionários da luz*. Cap. 16.

[157] Id. *Os mensageiros*. Cap. 43.

numerosíssimos, nos múltiplos trabalhos de assistência, preparação e vigilância.[158]

Atento à presença dos comunicantes no ambiente, ligados psiquicamente aos psicofônicos, é inconveniente delongar o início das atividades, pois a demora prolonga ansiedade em sofredores desencarnados, que tudo projetam nos médiuns. Adverte o autor:

> Em diversas circunstâncias, acham-se ligadas desde muitas horas antes à mente do médium psicofônico, alterando-lhe o psiquismo e até mesmo a vida orgânica, motivo pelo qual o socorro direto não deve sofrer dilação.[159]

Como visto, os minutos que antecedem o transe revestem-se de singular delicadeza, requisitando da equipe mediúnica acentuado esforço para corresponder ao trabalho complexo elaborado pelos mentores das atividades de intercâmbio. Os desencarnados presentes, enfermos ou não, aguardam dos encarnados o mesmo respeito de quem adentra uma sala de socorro emergencial num hospital, quando a caridade deve guiar cada fala, gesto ou pensamento.

---

[158] XAVIER, Francisco Cândido. *Missionários da luz.* Cap. 16.
[159] Ibid. Cap. 29.

34 CENTRO DE FORÇA LARÍNGEO

[...] adestrando-lhe a faculdade de incorporação, por intermédio de passes magnéticos sobre a laringe e, em particular, sobre o sistema nervoso.[160]

André Luiz menciona, no livro *Libertação*, capítulo 15, donde foi extraído o trecho acima, a magnetização da laringe e do sistema nervoso pelos orientadores espirituais, no preparo para o transe. Tal providência protege a região fonadora, dadas as exigências provocadas pela incorporação.

Com os passes na laringe e dependendo da capacidade receptiva do médium,[161] este exibirá com maior ou menor fidelidade o modo de falar do comunicante, inclusive moldando o timbre da voz. André Luiz comenta esse fenômeno:

> Nesta hora, tem a glote dominada por perturbação momentânea. Não consegue exprimir-se senão em voz rouquenha, quebrando as palavras. Isso porque o nosso irmão torturado, ao qual se liga pelos laços mais íntimos, lhe transmite as próprias sensações, compelindo-a a copiar-lhe o modo de ser.[162]

---

[160] XAVIER, Francisco Cândido. *Libertação*. Cap. 15.
[161] Nota do autor: Ver capítulo 21, anterior.
[162] XAVIER, Francisco Cândido. *Nos domínios da mediunidade*. Cap. 10.

A ligação mental com o comunicante enseja utilização intensa do centro de força laríngeo, que, por sua função assimiladora e dispersora de energias, veicula os fluidos do comunicante. Sem a proteção magnética devida, conforme o desequilíbrio da entidade, existe a possibilidade de danos perispirituais e, consequentemente, físicos ao médium.

No psicofônico, o centro de força laríngeo mantém-se em permanente e ampla captação e difusão de forças. Não é raro psicofônicos afastados do labor mediúnico ou estacionados em desarmonia psíquica apresentarem disfunções na região da garganta e anexos.

Recordemos que os chamados chacras, ou rodas, denominados por André Luiz no livro *Evolução em dois mundos*, capítulo 2, de centros vitais, são responsáveis pela atividade funcional de cada órgão ao qual esteja ligado. Sobre o tema, esclarece:

> CENTROS VITAIS — Estudado no plano em que nos encontramos, na posição de criaturas desencarnadas, o corpo espiritual ou psicossoma é, assim, o veículo físico, relativamente definido pela ciência humana, com os centros vitais que essa mesma ciência, por enquanto, não pode perquirir e reconhecer.
>
> Nele possuímos todo o equipamento de recursos automáticos que governam os bilhões de entidades microscópicas a serviço da Inteligência, nos círculos de ação em que nos demoramos, recursos esses adquiridos vagarosamente pelo ser, em milênios e milênios de esforço e recapitulação, nos múltiplos setores da evolução anímica.
>
> É assim que, regendo a atividade funcional dos órgãos relacionados pela fisiologia terrena, nele identificamos o *centro coronário*, instalado na região central do cérebro, sede da mente, centro

que assimila os estímulos do plano superior e orienta a forma, o movimento, a estabilidade, o metabolismo orgânico e a vida consciencial da alma encarnada ou desencarnada, nas cintas de aprendizado que lhe corresponde no abrigo planetário. O centro coronário supervisiona, ainda, os outros centros vitais que lhe obedecem ao impulso, procedente do Espírito, assim como as peças secundárias de uma usina respondem ao comando da peça-motor de que se serve o tirocínio do homem para concatená-las e dirigi-las. Desses centros secundários, entrelaçados no psicossoma, e, consequentemente, no corpo físico, por redes plexiformes, destacamos o *centro cerebral* contíguo ao coronário, com influência decisiva sobre os demais, governando o córtice encefálico na sustentação dos sentidos, marcando a atividade das glândulas endocrínicas e administrando o sistema nervoso, em toda a sua organização, coordenação, atividade e mecanismo, desde os neurônios sensitivos até as células efetoras; o *centro laríngeo*, controlando notadamente a respiração e a fonação; o *centro cardíaco*, dirigindo a emotividade e a circulação das forças de base; o *centro esplênico*, determinando todas as atividades em que se exprime o sistema hemático, dentro das variações de meio e volume sanguíneo; o *centro gástrico*, responsabilizando-se pela digestão e absorção dos alimentos densos ou menos densos que, de qualquer modo, representam concentrados fluídicos penetrando-nos a organização, e o *centro genésico*, guiando a modelagem de novas formas entre os homens ou o estabelecimento de estímulos criadores, com vistas ao trabalho, à associação e à realização entre as almas (grifo nosso).[163]

Como visto, os centros vitais são regiões localizadas no perispírito e projetadas em rede plexiforme neuroendócrina no corpo físico, constituindo-se num vórtice por onde transitam os comandos da mente, ante o automatismo que rege cada sistema orgânico.

No instante do transe psicofônico, os centros coronário, cerebral e laríngeo têm atividade mais intensa, conquanto os demais participem de forma indireta. Daí a preocupação dos responsáveis pelas atividades mediúnicas do psicofônico em magnetizar-lhe esses três centros vitais, pois, dependendo do grau de envolvimento fluídico entre médium e comunicante, haverá desgaste excessivo de energia nessas regiões. O déficit pode chegar a níveis preocupantes, quando o médium sentirá fisicamente os resultados da perda de forças.

A mediunidade, como qualquer outra faculdade, se utilizada de maneira indevida, leva a prejuízos da saúde. O médium precisa conhecer seus limites e não se desgastar em múltiplas atividades, em transes sucessivos ou mesmo frequentando grupos mediúnicos variados, preferindo a qualidade no serviço.

Como regra geral, o médium conseguirá, pelas preces e meditações, restabelecer harmonia em seus centros vitais, com evidentes repercussões sobre a saúde em geral.

Quando o estado físico determinar, poderá se socorrer dos passes e da água magnetizada, que restituirão a normalidade perispiritual e orgânica comprometidas.

---

[163] XAVIER, Francisco Cândido. *Evolução em dois mundos,* 1ª pt., cap. 2.

Em caso de perda de energia acentuada, os exercícios físicos leves, as caminhadas, os exercícios respiratórios, o contato com a Natureza, a alimentação balanceada são co-adjuvantes de uma terapia repositora de forças.

35 TRANSE

> [...] *Otávia foi cuidadosamente afastada do veículo físico, em sentido parcial, aproximando-se Dionísio, que também parcialmente começou a utilizar-se das possibilidades dela. Otávia mantinha-se a reduzida distância, mas com poderes para retomar o corpo a qualquer momento num impulso próprio, guardando relativa consciência do que estava ocorrendo, enquanto que Dionísio conseguia falar, de si mesmo, mobilizando, no entanto, potências que lhe não pertenciam. [...] Reconheci que o processo de incorporação comum era mais ou menos idêntico ao da enxertia da árvore frutífera. [...] Por isso mesmo, logicamente, não era possível isolar, por completo, a influenciação de Otávia, vigilante.*[164]

André Luiz descreve o transe mediúnico: alma e corpo da médium se dissociam parcialmente; o comunicante justapõe-se a ela, semelhante à enxertia de plantas; a intermediária tudo controla e, se preciso, retomará o físico imediatamente, pois permanece com relativa consciência; forma-se uma junção perispiritual que permite ao Espírito dominar o centro da fala da médium e expressar-se.

Recordemos que a entidade utiliza-se dos recursos físicos e mentais do encarnado, indicando que não há um comando exclusivo e direto do Espírito sobre o corpo do intermediário, embora sua alma esteja afastada do corpo físico. Todo desejo, sentimento ou expressão do comunicante

---

[164] XAVIER, Francisco Cândido. *Missionários da luz*. Cap. 16.

circulam pela mente do psicofônico, em função da interpenetração do corpo perispiritual de ambos e é exatamente isso que permite o ditado mediúnico.

No capítulo 6 do livro *Nos domínios da mediunidade*, aditam-se informações sobre o transe psicofônico, destacando-se a referida justaposição do perispírito da entidade comunicante com o do médium:

> Nesse ínterim, os condutores, obedecendo às determinações de Clementino, localizaram o sofredor ao lado de dona Eugênia.
>
> O mentor da Casa aproximou-se dela e aplicou-lhe forças magnéticas sobre o córtex cerebral, depois de arrojar vários feixes de raios luminosos sobre extensa região da glote.
>
> Notamos que Eugênia-alma afastou-se do corpo, mantendo-se junto dele, à distância de alguns centímetros, enquanto que, amparado pelos amigos que o assistiam, o visitante sentava-se rente, inclinando-se sobre o equipamento mediúnico ao qual se justapunha, à maneira de alguém a debruçar-se numa janela.
>
> [...]
>
> E compreendi que aquela associação poderia ser comparada a sutil processo de enxertia neuropsíquica.
>
> Suspiros de alívio desprenderam-se do tórax mediúnico que, por instantes, se mostrara algo agitado.

> Observei que leves fios brilhantes ligavam a fronte de Eugênia, desligada do veículo físico, ao cérebro da entidade comunicante. [165]

André Luiz estabelece uma comparação para descrever a associação psicoperispiritual que acontece durante o transe mediúnico: enxertia neuropsíquica. A imagem da enxertia dá a dimensão da união do comunicante com o médium no momento do transe, pois favorece a compreensão do encontro de perispíritos e da consequente repercussão desse fenômeno no ambiente psíquico e neurológico do medianeiro, que passa a assimilar e a reproduzir as condições mentais e emocionais do Espírito.

Simplificadamente, o processo da psicofonia se constitui no afastamento parcial do médium de seu corpo físico e, em seguida, na vinculação magnética ao desencarnado, com a percepção das imagens psíquicas que a entidade conduz. Isso, porém, não ocorre de forma abrupta. A interpenetração perispiritual é gradual e o contato preliminar do perispírito do médium com o do comunicante, que pode ser de natureza agressiva, enfermiça ou malévola, pode gerar ansiedade e agitação no médium. Vencida essa fase inicial, a sintonia se intensifica, o médium se acalma e a entidade se manifesta. Daí o registro: "Suspiros de alívio desprenderam-se do tórax mediúnico que, por instantes, se mostrara algo agitado".

No capítulo 8, da obra mencionada, André Luiz oferece detalhes importantes sobre a atração magnética que o corpo do médium exerce sobre o comunicante:

---

[165] XAVIER, Francisco Cândido. *Nos domínios da mediunidade*. Cap. 6.

> Qual se fora atraído por vigoroso ímã, o sofredor arrojou-se sobre a organização física da médium, colando-se a ela, instintivamente.[166]

O desencarnado a ser assistido não resiste ao campo magnético formado em torno do grupo mediúnico e em especial em derredor do médium, que se constitui das emanações fluídicas do perispírito do psicofônico, do ambiente da sala de sessão espírita e até mesmo da Natureza, intensificados pelos mentores espirituais, que irradiam energias com alto teor atrativo, fazendo com que o Espírito una-se incontinente ao intermediário.

No capítulo 5, do mesmo livro, temos mais referências à força eletromagnética formada no campo perispiritual do médium e que atrai a entidade para junto do organismo mediúnico:

> Dessa vez, os veículos físicos apareciam quais se fossem correntes eletromagnéticas em elevada tensão.[167]

Em alguns casos, fios luminosos partem do médium em direção ao comunicante e têm a finalidade de contenção da entidade perturbada ou agitada:

> Dela partiam fios brilhantes a envolvê-lo inteiramente e o recém-chegado, em vista disso, não obstante senhor de si, demonstrava-se criteriosamente controlado.[168]

Noutra passagem, André Luiz descreve as energias deletérias projetadas no perispírito do psicofônico durante o transe e que costumam causar-lhe confusão mental:

---

[166] XAVIER, Francisco Cândido. *Nos domínios da mediunidade*. Cap. 8.
[167] Ibid. Cap. 5.
[168] Ibid. Cap. 8.

> Daí a minutos, providenciava-se a incorporação de Marinho, que tomou a intermediária sob forte excitação. Otávia, provisoriamente desligada do veículo físico, mantinha-se agora algo confusa, em vista de encontrar-se envolvida em fluidos desequilibrados, não mostrando a mesma lucidez que lhe observáramos anteriormente; todavia, a assistência que recebia dos amigos de nosso plano era muito maior.[169]

Nesse contexto de assistência, ensejado pelo transe psicofônico, é relevante considerar que o trabalho de equipe é fundamental para o êxito do serviço. Embora somente doutrinador e psicofônico exibam atividade ostensiva, no atendimento ao desencarnado, os médiuns de sustentação realizam, em nível espiritual, cooperação sem a qual haveria prejuízo para todos. As forças mentais dos presentes são utilizadas na harmonia geral e na manutenção de energia equilibrante. É o que refere André Luiz no trecho abaixo:

> Enquanto isso ocorria, vários ajudantes de serviço recolhiam as forças mentais emitidas pelos irmãos presentes, inclusive as que fluíam abundantemente do organismo mediúnico, o que, embora não fosse novidade, me surpreendeu pelas características diferentes com que o trabalho era levado a efeito.[170]

35.1 Manifestação de entidade elevada

Em caso de manifestação de Espírito elevado, algo diverso do descrito ocorre. O comunicante controla o transe, abrandando sua vibração, favorecendo a sintonia:

---

[169] XAVIER, Francisco Cândido. *Missionários da luz*. Cap. 17.
[170] Ibid. Cap. 17.

> Nesse instante, o irmão Clementino pousou a destra na fronte do amigo que comandava a assembleia, mostrando-se-nos mais humanizado, quase obscuro.
>
> [...]
>
> Afigura-se-nos mais pesado porque amorteceu o elevado tom vibratório em que respira habitualmente, descendo à posição de Raul, tanto quanto lhe é possível, para benefício do trabalho começante. Influencia agora a vida cerebral do condutor da casa, à maneira dum musicista emérito manobrando, respeitoso, um violino de alto valor, do qual conhece a firmeza e a harmonia.[171]

Ao mesmo tempo que a entidade superior reduz seu *status* vibratório, eleva-se o padrão da frequência mental do médium, estabelecendo um ponto comum que enseja a transmissão psicofônica:

> Notamos que a cabeça venerável de Clementino passou a emitir raios fulgurantes, ao mesmo tempo que o cérebro de Silva, sob os dedos do benfeitor, se nimbava de luminosidade intensa, embora diversa.[172]

Explicando o mecanismo de manifestação de Clementino, André Luiz registra que a entidade manipula os recursos perispirituais do médium, a partir do plexo solar, emitindo energias vigorosas que lhe sobre-excitam o cérebro, o que inunda o pensamento do psicofônico com as ideias que constituirão o dito mediúnico, à semelhança

---

[171] XAVIER, Francisco Cândido. *Nos domínios da mediunidade*. Cap. 5.
[172] Ibid. Cap. 5.

do que ocorre com a lâmpada que se acende ao contato com a força elétrica:

> Apoiando-se no plexo solar, elevou-se ao sistema neurocerebral, como a energia elétrica da usina emissora que, atingindo a lâmpada, se espalha no filamento incandescente, produzindo o fenômeno da luz.[173]

Nesse contexto, a epífise tem relevante destaque:[174]

> A glândula minúscula transformava-se em núcleo radiante e, em derredor, seus raios formavam um lótus de pétalas sublimes.[175]

Detalhando os aspectos essenciais do transe psicofônico, André Luiz discorre sobre a assimilação da corrente mental pelo encarnado, utilizando a simbologia do circuito elétrico dos aparelhos de recepção de som:

> Vimos aqui o fenômeno da perfeita assimilação de correntes mentais que preside habitualmente a quase todos os fatos mediúnicos. [...] A emissão mental de Clementino, condensando-lhe o pensamento e a vontade, envolve Raul Silva em profusão de raios que lhe alcançam o campo interior, primeiramente pelos poros, que são miríades de antenas sobre as quais essa emissão adquire o aspecto de impressões fracas e indecisas. Essas impressões apoiam-se nos centros do corpo espiritual, que funcionam à guisa de condensadores, atingem, de imediato, os cabos do sistema nervoso, a desempenharem o papel de preciosas bobinas de indução, acumulando-se

---

[173] XAVIER, Francisco Cândido. *Nos domínios da mediunidade*. Cap. 5.
[174] Nota do autor: Ver capítulo 24, anterior.
[175] XAVIER, Francisco Cândido. *Missionários da luz*. Cap. 2.

aí num átimo e reconstituindo-se, automaticamente, no cérebro, onde possuímos centenas de centros motores, semelhante a milagroso teclado de eletroímãs, ligados uns aos outros e em cujos fulcros dinâmicos se processam as ações e as reações mentais, que determinam vibrações criativas, através do pensamento ou da palavra, considerando-se o encéfalo como poderosa estação emissora e receptora e a boca por valioso alto-falante. Tais estímulos se expressam ainda pelo mecanismo das mãos e dos pés ou pelas impressões dos sentidos e dos órgãos, que trabalham na feição de guindastes e condutores, transformadores e analistas, sob o comando direto da mente.[176]

A corrente mental do mentor necessita ajustar-se à corrente mental do médium, que é de tensão diversa, para que este seja capaz de reproduzir a mensagem espiritual.

Para tanto, o comunicante justapõe seu perispírito ao do médium e lhe dirige um fluxo psíquico condensado de pensamento, vontade e emoção.

A recepção desse jato de informações, em forma de raios, atinge os poros, verdadeiras antenas captadoras, e chega ao corpo perispiritual do encarnado, encontrando os centros de força coronário, frontal e laríngeo, embora os demais deem suporte energético, já que estão ligados em rede. Esse contato pode ser registrado por arrepios, tremores difusos, leves sobressaltos, sensação de suave torpor ou bem-estar indefinido. Os vórtices passam a atuar como condensadores, absorvendo o fluxo psíquico do desencarnado e repassando-o aos nervos, que funcionam como bobinas

---

[176] XAVIER, Francisco Cândido. *Nos domínios da mediunidade*. Cap. 5.

de indução,[177] transformando a corrente mental de seu nível espiritual, intangível, em impulso elétrico orgânico, à semelhança do que ocorre na conversão da corrente elétrica contínua em corrente de energia alternada,[178] ou seja, ela é graduada ao nível mental do encarnado.

A corrente mental do mentor, convertida em impulso elétrico-químico no corpo físico do médium, é enviada às sinapses nervosas, que de imediato as encaminham ao cérebro. Em suas células se estabelece um vasto campo eletromagnético capaz de reter as informações do desencarnado a que, comparativamente, André Luiz denomina centros motores formadores de um imenso teclado de eletroímãs interligados.[179] O envolvimento da entidade se plenifica com ações e reações mentais no médium, que decodifica, elabora, associa e verbaliza a emissão psíquica do desencarnado.

Esse processo requer o envolvimento de todo o organismo do médium, que sustenta a assimilação energética e o fluxo de pensamentos enquanto durar o transe.

Finalmente, dependendo da capacidade receptiva do médium, o intermediário reproduzirá com maior ou menor fidelidade, o pensamento da entidade. No caso em estudo, as variações foram diminutas:

---

[177] Dispositivo em geral utilizado para produzir corrente alternada de alta tensão ou impulsos de alta tensão a partir de uma corrente contínua de baixa tensão, na qual a interrupção da corrente contínua num enrolamento, dito *enrolamento primário*, que contém um número relativamente pequeno de espiras, induz uma alta tensão num outro rolamento, dito *secundário*, que contém muitas espiras enroladas sobre o enrolamento primário (RODITI, 2005, p. 27).

[178] Lembremos que a corrente contínua é a aquela em que o fluxo de elétrons segue num sentido único, não se mantendo em longas distâncias, e na alternada os elétrons são conduzidos a várias direções, podendo ser intensificada nos transformadores, viajando grandes trajetos, sem perda substancial de energia no percurso.

[179] Ímã que consiste em geral num núcleo de material ferromagnético envolto por um fio isolado disposto de forma helicoidal; eletrímã, eletromagneto. Quando a corrente atravessa o fio, o núcleo se magnetiza (RODITI, 2005, p. 75).

Silva transmitiu igualmente em alta voz, imprimindo-lhes diminutas variações.[180]

Depreende-se daí a complexidade do transe mediúnico, que é ocorrência singular. Cônscio de seu compromisso, cabe ao médium tudo fazer para oferecer condições mentais favoráveis à manifestação de entidades com ele comprometidas. Isso, em verdade, deveria ser o centro das preocupações de todos os médiuns voltados à causa de Jesus Cristo.

---

[180] XAVIER, Francisco Cândido. *Nos domínios da mediunidade.* Cap. 5.

36 PÓS-TRANSE

Atenderão aos passes, ministrando-os a todos os componentes do grupo, sejam médiuns ou não.[181]

O passe, após o transe mediúnico, reequilibra e fortalece a mente do médium, neutralizando as energias deletérias auferidas do comunicante enfermo e repondo energias consumidas. André Luiz o recomenda, nas sessões de desobsessão, a todos os componentes, independentemente da função no grupo.

O passe deverá durar o tempo necessário à recomposição do psicofônico.

Com a prática, o médium aprenderá a desviar o pensamento após a sessão mediúnica, desconectando-se psiquicamente do comunicante e se harmonizando com maior rapidez.

André Luiz chama a atenção para outros fatores a serem considerados após o processo de psicofonia de entidades enfermas. No livro *Desobsessão*, ele recomenda que não sejam evidenciados os aspectos negativos das entidades que se manifestaram durante a sessão:

> Conversas acerca de quaisquer manifestações ou traços deprimentes do amparo espiritual efetuado estabelecem ímãs de atração, criando correntes mentais de ação e reação entre os

---
[181] XAVIER, Francisco Cândido. *Desobsessão*. Cap. 52.

comentaristas e os que se tornam objeto dos comentários em pauta.[182]

Os comentários formam correntes mentais de longa distância, mantendo a ligação psíquica entre o comunicante e o médium. Decorrente disso, o intermediário sentirá significativo desgaste fluídico. Diz o autor espiritual:

> Considerem os companheiros dessa sementeira de amor que estão sendo, muitas vezes, seguidos e observados por muitos enfermos desencarnados que lhes ouviram, com interesse, as exortações e os ensinos, no curso da reunião, e será contraproducente, além de indesejável, qualquer atitude ou comentário pelos quais os tarefeiros do socorro espiritual desmanchem, invigilantes, os valores morais que eles próprios construíram na consciência e no ânimo dos Espíritos beneficiados.[183]

É sabido que o término da reunião de desobsessão não implica no afastamento imediato dos desencarnados da sala da sessão. É comum permanecerem por mais horas no local até que possam ser recolhidos aos ambientes de tratamento e reabilitação no Plano Espiritual. Por isso, qualquer agitação no local das sessões pode perturbar os Espíritos enfermos presentes e provocar mal-estar nos médiuns, que, normalmente, ainda estão sob a influência magnética deles.

As breves avaliações do desenvolvimento da reunião, que visam o aperfeiçoamento da equipe, não trazem nenhum inconveniente e são indicadas, desde que os ânimos sigam serenos. Muitos médiuns guardam dúvidas que devem ser sanadas de imediato. É o que menciona André Luiz:

---

[182] XAVIER, Francisco Cândido. *Desobsessão*. Cap. 62.
[183] Ibid. Cap. 61.

Isso, porém, não impede que médiuns esclarecedores, médiuns psicofônicos e companheiros outros analisem determinadas passagens da palavra ou da presença das entidades sofredoras, em circuito íntimo, para estudo construtivo, com efeitos na edificação do bem, ao modo de especialistas num simpósio conduzido com discrição.[184]

Importa reconhecer que o lidador da desobsessão está à frente de entidades de diferentes categorias e deve cuidar de adaptar-se convenientemente ao trabalho a que se dispõe, tornando-se cooperador fiel dos Espíritos dirigentes das tarefas espirituais.[185]

---

[184] XAVIER, Francisco Cândido. *Desobsessão*. Cap. 62.
[185] Nota do autor: Ver capítulo 43, adiante.

37 MÉDIUM CONSCIENTE

Embora senhoreando as forças de Eugênia, o hóspede enfermo do nosso plano permanece controlado por ela, a quem se imana pela corrente nervosa, através da qual estará nossa irmã informada de todas as palavras que ele mentalize e pretenda dizer. Efetivamente apossa-se ele temporariamente do órgão vocal de nossa amiga, apropriando-se de seu mundo sensório, conseguindo enxergar, ouvir e raciocinar com algum equilíbrio, por intermédio das energias dela, mas Eugênia comanda, firme, as rédeas da própria vontade, agindo qual se fosse enfermeira concordando com os caprichos de um doente, no objetivo de auxiliá-lo. Esse capricho, porém, deve ser limitado, porque, consciente de todas as intenções do companheiro infortunado a quem empresta o seu carro físico, nossa amiga reserva-se o direito de corrigi-lo em qualquer inconveniência. Pela corrente nervosa, conhecer-lhe-á as palavras na formação, apreciando-as previamente, uma vez que os impulsos mentais dele lhe percutem sobre o pensamento como verdadeiras marteladas.[186]

Médium consciente, pela explicação de André Luiz, é aquele que tem ciência prévia do que o comunicante espiritual pretende falar, sendo capaz de filtrar-lhe as ações e as reações. Isso é possível porque os impulsos mentais da entidade atingem de forma vigorosa o sistema nervoso central

---

[186] XAVIER, Francisco Cândido. *Nos domínios da mediunidade.* Cap. 6.

do psicofônico, que se mantém em afastamento parcial do corpo físico. Ou seja, o médium está em transe, mas mantém o autodomínio, pois a entidade se lhe submete à vontade.

Como descrito, a médium Eugênia segue vigilante, já que percebe as intenções do comunicante, chegando mesmo a conhecer-lhe as palavras em formação. Embora desligada do corpo físico, mantém-se a curta distância, podendo tomar o corpo físico, de imediato, ante qualquer ocorrência imprevista:

> — Então — alegou Hilário —, nesses trabalhos, o médium nunca se mantém a longa distância do corpo...
>
> — Sim, sempre que o esforço se refira a entidades em desajuste, o medianeiro não deve ausentar-se demasiado...
>
> [...]
>
> Se preciso, nossa amiga poderá retomar o próprio corpo num átimo.[187]

Sendo entidade de hierarquia espiritual elevada, pode o médium entregar-se ao transe sem maiores preocupações, afinal, o domínio do comunicante se sobrepõe à possibilidade do psicofônico. Mas, se a entidade é desajustada, quaisquer atitudes menos dignas devem ser coibidas. André Luiz alerta:

> — E se nossa irmã relaxasse a autoridade? — inquiriu Hilário, curioso.
>
> — Não estaria em condições de prestar-lhe benefícios concretos, porque então teria descido ao desvairamento do mendigo de luz que nos

---

[187] XAVIER, Francisco Cândido. *Nos domínios da mediunidade*. Cap. 6.

> propomos auxiliar — esclareceu o nosso instrutor, com calma.[188]

O médium consciente não deixa de sofrer as influências emocionais da entidade. Sua sensibilidade é capaz de registrar a dor, o mal-estar, a agitação ou a enfermidade que carrega:

> Entretanto, reproduzem-se nela as aflições e os achaques do socorrido. Sente-lhe a dor e a excitação, registrando-lhe o sofrimento e o mal-estar.[189]

A questão que mais preocupa o médium consciente é a possibilidade de não diferenciar os pensamentos seus dos do comunicante. André Luiz enfrenta o tema, explicando que a prática mediúnica, aliada a estudos sistemáticos e meditações diárias, ensina o médium a conhecer-se, evitando assim as vacilações que perturbam ou inibem o transe:

> — Consciente a médium, qual se encontra, e ouvindo as frases do comunicante, que lhe utiliza a boca assim vigiado por ela, é possível que dona Eugênia seja assaltada por grandes dúvidas... Não poderá ser induzida a admitir que as palavras proferidas pertençam a ela mesma? Não sofrerá vacilações?
>
> — Isso é possível — concordou o Assistente —; no entanto, nossa irmã está habilitada a perceber que as comoções e as palavras desta hora não lhe dizem respeito.
>
> — Mas... e se a dúvida a invadisse? — insistiu meu colega.
>
> — Então — disse Áulus, cortês —, emitiria da própria mente positiva recusa, expulsando o

---
[188] XAVIER, Francisco Cândido. *Nos domínios da mediunidade*. Cap. 6.
[189] Ibid. Cap. 6.

comunicante e anulando preciosa oportunidade de serviço. A dúvida, nesse caso, seria congelante faixa de forças negativas...[190]

Como visto, a dúvida congela o trabalho e é fator de expulsão da entidade do campo mental do médium, que se anula diante do serviço de caridade em curso.

A diferenciação que o médium fará entre os seus pensamentos e os do comunicante ocorrerá com o tempo, à medida que se habituar a observar-se, reconhecendo seus pontos de vista pessoais, suas reações, seu modo de agir no cotidiano, seu estilo individual, suas características na maneira de falar. Dessa forma, no momento em que a entidade se aproximar e projetar desejos e pensamentos diversos do comum ao médium, este os identificará imediatamente. É o que ensina André Luiz:

> Qualquer pessoa que saiba manejar a própria atenção observará a mudança, uma vez que o nosso pensamento vibra em certo grau de frequência, a concretizar-se em nossa maneira especial de expressão, no círculo dos hábitos e dos pontos de vista, dos modos e do estilo que nos são peculiares.[191]

Em *Missionários da luz*, há o relato de peculiar modalidade de percepção, pelo psicofônico consciente, do pensamento do comunicante. André Luiz anota que a presença e a linguagem da entidade são percebidas em forma de figuração e lembrança, aparentemente imaginárias:

> Dionísio começou a falar-lhe de suas necessidades espirituais, comentando a esperança de

---

[190] XAVIER, Francisco Cândido. *Nos domínios da mediunidade*. Cap. 6.
[191] Ibid. Cap. 5.

> fazer-se sentir, junto da família terrena e dos antigos colegas de aprendizado espiritualista, notando eu que a médium lhe registrava a presença e a linguagem, em forma de figuração e lembrança, aparentemente imaginárias, na esfera do pensamento.[192]

Para esse tipo de captação mediúnica, o conhecimento prévio da matéria facilita a recepção da mensagem:

> Dona Otávia parecia mais ambientada com o assunto, aderindo com clareza ao que Dionísio pretendia fazer.[193]

Segundo, ainda, André Luiz, o médium consciente é o preferido na assistência a entidades desajustadas, pois seu domínio pessoal favorece o equilíbrio e a contenção do comunicante. Ele destaca, ao lado da consciência durante o transe, a intuição clara e a moralidade como fatores positivos nesse mister:

> Intuição clara, aliada à distinção moral, tem a vantagem de conservar-se consciente, nos serviços de intercâmbio, beneficiando-nos a ação.[194]

Assim, o médium consciente é útil no atendimento a entidades com graves desajustes. O estado consciencial de vigília, a rigor, não interfere na assistência a ser prestada, dependendo do grau de experiência e dedicação do médium ao exercício da psicofonia.

---

[192] XAVIER, Francisco Cândido. *Missionários da luz*. Cap. 16.
[193] Ibid. Cap. 16.
[194] Id. *Nos domínios da mediunidade*. Cap. 3.

38 SONAMBULISMO E PSICOFONIA SONAMBÚLICA

> *A médium era um instrumento passivo no exterior; entretanto, nas profundezas do ser, mostrava as qualidades morais positivas que lhe eram conquista inalienável, impedindo aquele irmão de qualquer manifestação menos digna.*[195]

André Luiz estuda, no capítulo 8 do livro *Nos domínios da mediunidade*, a psicofonia sonambúlica.

Antes, porém, de apreciarmos as observações contidas no capítulo referido, convém compulsarmos as análises de Allan Kardec sobre a questão, para segura definição de termos.

Em *O livro dos médiuns*, item 172, Kardec faz importante diferenciação entre o sonâmbulo e o médium psicofônico sonambúlico:

> Pode considerar-se o sonambulismo uma variedade da faculdade mediúnica, ou, melhor, são duas ordens de fenômenos que frequentemente se acham reunidos. O sonâmbulo age sob a influência do seu próprio espírito; é sua alma que, nos momentos de emancipação, vê, ouve e percebe, fora dos limites dos sentidos. O que ele externa tira-o de si mesmo; suas ideias são, em geral, mais justas do que no estado normal, seus

---
[195] XAVIER, Francisco Cândido. *Nos domínios da mediunidade*. Cap. 8.

conhecimentos mais dilatados, porque tem livre a alma. Numa palavra, ele vive antecipadamente a vida dos Espíritos. O médium, ao contrário, é instrumento de uma inteligência estranha; é passivo e o que diz não vem de si. Em resumo, o sonâmbulo exprime o seu próprio pensamento, enquanto o médium exprime o de outrem. [196]

Do exposto, conclui-se serem duas as espécies de fenômenos sonambúlicos:

a) Sonambulismo — constitui-se numa manifestação não mediúnica, mas anímica, pois é a alma do indivíduo que se afasta do corpo e, aproveitando a provisória liberdade, pode expressar-se através de seu próprio organismo físico, utilizando os recursos de sua memória próxima ou remota ou, ainda, de seu inconsciente, fruto das várias encarnações. Nesse estado, desdobra-se, ou seja, visita lugares e os descreve, mantendo ligação com o corpo material por meio de laços fluídicos, transmitindo-lhe as sensações do lugar em que se encontra. Fala por meio de seu corpo físico como se usasse um alto-falante. Contata outros Espíritos, exercitando a vidência, e reproduz ditados de entidades igualmente libertas do envoltório fisiológico. Esse fenômeno anímico pode ser natural ou provocado por Espíritos.

b) Psicofonia sonambúlica — é uma modalidade de mediunidade. Nesse caso o médium afasta-se do corpo, mas não reproduz seus próprios pensamentos, ao contrário, empresta seu corpo físico a Espíritos, que dele se utilizam para se expressar. Embora desligado

---

[196] KARDEC, Allan. *O livro dos médiuns*. 2ª pt., cap. 14, it. 172.

do corpo material, o médium mantém seu latente autodomínio, já que o afastamento total somente ocorre com a desencarnação. O médium permanece em passividade plena, alguns se dizem inconscientes. Após esse tipo de transe, o médium poderá ou não se recordar do ocorrido, dependendo do interesse e do esforço que fizer para tanto.[197]

André Luiz aprecia a mediunidade sonambúlica, no importante episódio que se segue:

> Celina — explicou, bondoso — é sonâmbula perfeita. A psicofonia, em seu caso, se processa sem necessidade de ligação da corrente nervosa do cérebro mediúnico à mente do hóspede que ocupa. A espontaneidade dela é tamanha na cessão de seus recursos às entidades necessitadas de socorro e carinho, que não tem qualquer dificuldade para desligar-se de maneira automática do campo sensório, perdendo provisoriamente o contato com os centros motores da vida cerebral. Sua posição medianímica é de extrema passividade. Por isso mesmo, revela-se o comunicante mais seguro de si, na exteriorização da própria personalidade. Isso, porém, não indica que a nossa irmã deva estar ausente ou irresponsável. Junto do corpo que lhe pertence, age na condição de mãe generosa, auxiliando o sofredor que por ela se exprime qual se fora frágil protegido de sua bondade [...].[198]

Vê-se, então, que na mediunidade sonambúlica os pensamentos do comunicante não circulam pela corrente

---

[197] Nota do autor: Ver, no it. 173 de *O livro dos médiuns*, o importante relato de um médium sonâmbulo.

[198] XAVIER, Francisco Cândido. *Nos domínios da mediunidade*. Cap. 8.

nervosa do médium, mas atingem diretamente o centro cerebral da fala, razão pela qual este não registra conscientemente o ditado e dessa forma não oferece maiores resistências à entidade. Com isso, dados característicos da personalidade do Espírito se evidenciam mais facilmente.

Mesmo assim, a médium estudada exerce influência sobre a entidade comunicante. Uma vez que existe a ligação perispiritual entre Espírito e médium no momento do transe, proporcionada pelo circuito mediúnico estabelecido, a médium manterá controle sobre a entidade, inclusive inibindo quaisquer comportamentos impróprios. Eis o que anota André Luiz:

> [...] Porque a mente superior subordina as que se lhe situam à retaguarda, nos domínios do Espírito. É por essa razão que o hóspede experimenta com rigor o domínio afetuoso da missionária que lhe dispensa amparo assistencial. Impelido a obedecer-lhe, recebe-lhe as energias mentais constringentes que o obrigam a sustentar-se em respeitosa atitude, não obstante revoltado como se encontra.[199]

Quanto à possibilidade de recordação do que foi dito durante o transe, o autor informa que fica a critério do médium, segundo a necessidade:

— Embora seja preciosa auxiliar, como vemos, não se lembrará dona Celina das palavras que o visitante pronuncia por seu intermédio?

— Se quiser, poderá recordá-las com esforço, mas, na situação em que se reconhece, não vê

---

[199] XAVIER, Francisco Cândido. *Nos domínios da mediunidade*. Cap. 8.

qualquer vantagem na retenção dos apontamentos que ouve.[200]

André Luiz afirma ainda que, dependendo do estado emocional da entidade comunicante e dos recursos oferecidos pelo médium, os orientadores espirituais da sessão mediúnica preferirão o psicofônico consciente, que prestará melhor auxílio:

> Caso não fosse dona Celina a trabalhadora hábil, capaz de intervir a tempo em qualquer circunstância menos agradável, não seria de preferir as faculdades de dona Eugênia?
>
> — Sim, Hilário, você tem razão. O sonambulismo puro, quando em mãos desavisadas, pode produzir belos fenômenos, mas é menos útil na construção espiritual do bem. A psicofonia inconsciente, naqueles que não possuem méritos morais suficientes à própria defesa, pode levar à possessão, sempre nociva, e que, por isso, apenas se evidencia integral nos obsessos que se renderam às forças vampirizantes.[201]

No caso da médium Celina, missionária, segundo André Luiz, pelos créditos pessoais adquiridos, se a entidade comunicante tentasse qualquer atitude indevida, seria contida não somente por ela, mas pela equipe espiritual:

> Se o comunicante fosse, nessa hipótese, uma inteligência degenerada e perversa, a fiscalização correria por conta dos mentores da casa e, em se tratando de um mensageiro com elevado patrimônio de conhecimento e virtude, a médium apassivar-se-ia com satisfação, porquanto lhe aproveitariam as

---

[200] XAVIER, Francisco Cândido. *Nos domínios da mediunidade*. Cap. 8.
[201] Ibid. Cap. 8.

vantagens da presença, tal como o rio se beneficia com as chuvas que caem do alto.[202]

Como vimos, a faculdade mediúnica sonambúlica, como qualquer outra, não se vincula a méritos espirituais do medianeiro, mas sim a compromissos assumidos antes da encarnação. Pelo relato a seguir, observa-se que tal mediunidade pode ser motivo de desvios, o que gera inconvenientes para o médium e a equipe espiritual:

> Este é o nosso colaborador Antônio Castro, moço bem-intencionado e senhor de valiosas possibilidades em nossas atividades de permuta. Sonâmbulo, no entanto, é de uma passividade que nos requer grande vigilância.
>
> [...]
>
> Quando empresta o veículo a entidades dementes ou sofredoras, reclama-nos cautela, porquanto quase sempre deixa o corpo à mercê dos comunicantes, quando lhe compete o dever de ajudar-nos na contenção deles, a fim de que o nosso tentame de fraternidade não lhe traga prejuízo à organização física.[203]

38.1 Sonambulismo e obsessão

André Luiz, no capítulo 10 do livro *Nos domínios da mediunidade*, estuda o sonambulismo, na condição de manifestação anímica doentia, relatando importante fato para apreciação:

---

[202] XAVIER, Francisco Cândido. *Nos domínios da mediunidade*. Cap. 8.
[203] Ibid. Cap. 3.

> A essa altura, porém, os guardas espirituais permitiram o acesso do infortunado amigo.
>
> [...]
>
> Precipitou-se para a jovem doente, à maneira de um grande felino sobre a presa.
>
> A simpática senhora começou a gritar, transfigurada.
>
> Não se afastara espiritualmente do corpo.
>
> Era ela própria a contorcer-se, em pranto convulsivo, envolta, porém, no amplexo fluídico da entidade que lhe empolgava o campo fisiológico, integralmente.[204]

A narrativa refere-se a uma médium enferma, padecendo processo obsessivo de grave escala. Presente à reunião para desobsessão, sofreu a crise descrita no instante em que o perseguidor adentra o ambiente e a assalta de chofre.[205]

Note-se que a médium sonâmbula não se afastou do corpo físico para a ocorrência da psicofonia sonambúlica. O transe em questão foi anímico,[206] provocado pela entidade perseguidora. A dor que exibe, a agitação e a alteração comportamental provêm dela mesma.

A descrição prossegue:

> — Vê-se bem — aduziu Hilário, sob forte impressão —, que é a nossa irmã quem fala e gesticula...

---

[204] XAVIER, Francisco Cândido. *Nos domínios da mediunidade*. Cap. 10.
[205] N.E.: Repentinamente, de forma súbita (*Houaiss*).
[206] Nota do autor: Ver Capítulo 15, anterior.

— Sim — aprovou o Assistente —, entretanto, encontra-se imantada ao companheiro espiritual, cérebro a cérebro.

— Poderá, todavia, recordar-se com precisão do que sucede agora? — inquiri, por minha vez.

— De modo algum. Tem as células do córtex cerebral totalmente destrambelhadas pela desventura do amigo em sofrimento. Nos transes, em que se efetua a junção mais direta entre ela e o perseguidor dementado, cai em profunda hipnose, qual acontece à pessoa magnetizada, nas demonstrações comuns de hipnotismo, e passa, de imediato, a retratar-lhe os desequilíbrios.[207]

A médium, por ter sido obsidiada durante longo tempo, ficou condicionada hipnoticamente pelo inimigo. A presença da entidade no ambiente leva-a ao transe anímico-sonambúlico, do qual não se recordará. Para tanto, bastou que a irradiação dos miasmas perispirituais do algoz a atingissem para entrar em crise, reviver seu mundo mental pretérito eivado de culpa e verbalizar suas emoções.[208] Em processos como o descrito, a simbiose entre a entidade e a enferma é de tal sorte profunda que André Luiz registra que

---

[207] XAVIER, Francisco Cândido. *Nos domínios da mediunidade*. Cap. 10.

[208] Nota do autor: Ivan Pavlov, na década de 20, realizou experiências com cães e estabeleceu as bases para a compreensão dos comportamentos reflexos, que podem ser inatos ou aprendidos. No seu experimento, ele verificou que os cães salivavam e secretavam suco gástrico ao terem alimento na boca. Este é reflexo inato ou incondicionado. No instante da oferta da carne uma sineta era acionada. Com o tempo os cães passaram a salivar apenas com o toque da sineta. Eis o reflexo condicionado, aprendido. No caso, houve um desenvolvimento de comportamentos em resposta a estímulos ambientes (BIBLIOTECA, 2003, p. 2672). Nos processos hipnóticos ocorre o mesmo. O *sujet* devidamente condicionado responde a comandos implantados em seu subconsciente, diante de estímulos preestabelecidos, mesmo que o hipnotizador esteja a longa distância. Obsessores astutos se utilizam de medidas semelhantes para se imporem aos médiuns incautos.

a ligação é de cérebro a cérebro, ou seja, uma mente subjuga e sustenta a outra, em razão de débitos e ódios mútuos contraídos no passado.

A presença constante, diária, do obsessor ensejou uma sintonia mórbida contínua de elevada intensidade. Dado a isso, a médium sonâmbula reproduz, ao cair em transe, tanto as suas emoções quanto as do desencarnado. Daí André Luiz afirmar que a sofredora no estado de hipnose retrata os desequilíbrios do perseguidor, embora, como observado por Hilário, gesticule e fale por conta própria.

Estamos aqui diante de um fenômeno de alta complexidade. O transe é anímico com traços de psicofonia sonambúlica. A médium não necessita, pela junção cérebro a cérebro acima referida, do transe psicofônico clássico para expressar os pensamentos da entidade.

Segundo André Luiz, esse tipo de ocorrência não é raro. Às vezes difícil de ser identificado, cabe ao esclarecedor responsável pelo atendimento cuidar de socorrer a alma enferma, seja ou não a do próprio médium. Lembremos que médiuns nesse estado de perturbação necessitam de terapia e não se adequam ao serviço de intercâmbio, até que se reajustem emocionalmente.

39 DOUTRINADOR E INDUÇÃO MENTAL

> *No curso do trabalho mediúnico, os esclarecedores não devem constranger os médiuns psicofônicos a receberem os desencarnados presentes.*[209]

A recomendação é não forçar os médiuns psicofônicos ao transe.

Antes, porém, de adentrar a temática do presente capítulo, importa definir: doutrinador ou esclarecedor? André Luiz utiliza ambas as denominações indistintamente, com a ressalva de que o dialogador, na sessão de desobsessão, está na mesma condição dos demais médiuns, daí denominá-lo "médium esclarecedor". Por essa visão, o processo de recepção do desencarnado seria de natureza mediúnica, via intuição, por não lhe retirar a lucidez e a atenção. Isso ocorre, muitas vezes, sem que o esclarecedor perceba. Em verdade, é intermediário dos pensamentos dos dirigentes espirituais durante o diálogo com os desencarnados.

Cumpre ao esclarecedor, dessa forma, estudar e apurar a sensibilidade, para bem conduzir a sessão sob sua responsabilidade, adequando-se às expectativas elevadas do serviço a seu cargo.

---

[209] XAVIER, Francisco Cândido. *Desobsessão*. Cap. 34.

> O doutrinador encarnado, companheiro de grande e bela sinceridade, era o centro dum quadro singular. Seu tórax convertera-se num foco irradiante, e cada palavra que lhe saía dos lábios semelhava-se a um jato de luz alcançando diretamente o alvo, fosse ele os ouvidos perturbados dos enfermos ou o coração dos perseguidores cruéis.[210]

Retomando a análise da indução ao transe, lembramos que todo constrangimento é brecha a possíveis mistificações e ao transe anímico.

Em termos de mediunidade, a espontaneidade é fundamental.

O pensamento do doutrinador é capaz de impulsionar os fluidos que lhe conduzem as imagens mentais, e estas, ao entrarem em contato com a mente do médium, repercutem como verdadeiras ordens. Dessa forma, conscientemente ou não, o esclarecedor induzirá o médium a percepções falsas.

Mesmo percebendo a presença de uma entidade ao lado do psicofônico, o doutrinador não deverá induzir o médium ao transe. Sintonia é algo particular e toda interferência é motivo de perturbações. Diante de uma percepção não compartilhada pelo médium, cabe ao esclarecedor sustentar o médium mediante passes e orações, aguardando que os coordenadores espirituais deem o encaminhamento necessário.

O psicofônico na sessão é um circuito mediúnico aberto que ao sintonizar-se com a entidade comunicante se fecha, ensejando o transe. Assim, o doutrinador deve evitar interferir psiquicamente nesse processo, uma vez que qualquer ruptura no circuito formado poderá provocar prejuízos ao médium e ao comunicante.[211]

---

[210] XAVIER, Francisco Cândido. *Missionários da luz.* Cap. 18.
[211] Nota do autor: Ver capítulo 28, anterior.

A postura a ser adotada pelo esclarecedor deve ser a do mais sincero desejo de auxiliar, tornando-se, por sua vez, instrumento maleável nas mãos dos orientadores espirituais. A propósito, alerta André Luiz:

> O médium de incorporação, como também o médium esclarecedor, não podem esquecer, em circunstância alguma, que a entidade perturbada se encontra, para eles, na situação de um doente ante o enfermeiro.[212]

Cônscio de que responde pela ordem geral, o doutrinador necessita cuidar da harmonia e equilíbrio dos médiuns. Um aspecto importante é evitar desgastes com uma sessão mediúnica longa. A recomendação é de uma hora e trinta minutos, no máximo:

> As manifestações de enfermos espirituais irão até o limite de uma hora a uma hora e meia, na totalidade delas.[213]

Outra observação é quanto ao tempo de diálogo: dez minutos. Não se pode esquecer que almas endurecidas requisitarão terapias complexas, que somente no Mundo Espiritual serão realizadas, e que o breve diálogo, bem como o transe, tão somente despertarão o comunicante para as realidades espirituais. É o que menciona o livro *Desobsessão*:[214]

> A palestra reeducativa, ressalvadas as situações excepcionais, não perdurará, assim, além de dez minutos.[215]

---

[212] XAVIER, Francisco Cândido. *Desobsessão*. Cap. 42.
[213] Ibid. Cap. 32.
[214] Nota do autor: Ver Capítulo 42, adiante.
[215] XAVIER, Francisco Cândido. Op. Cit. Cap. 37.

Léon Denis, na obra *No Invisível*, recomenda aos doutrinadores a atenção cuidadosa com cada médium, para que possam reconhecer toda influência anímica no transe, distinguindo os dois fenômenos, ou seja, o transe anímico e o mediúnico.[216] Para tanto, importa o acompanhamento sistemático de cada um, observando-lhes a personalidade e, dessa forma, auxiliando com mais qualidade cada psicofônico. Diz ele:

> O mais importante, no exame dos fenômenos, é distinguir a parte que é preciso atribuir ao organismo e à personalidade do médium e a que provém de uma intervenção estranha, e determinar em seguida a natureza dessa intervenção.[217]

O eminente discípulo de Kardec segue nas apreciações à conduta de cada doutrinador que, à época, era chamado de experimentador:

> É indispensável submeter as produções mediúnicas a rigoroso exame e conduzir as investigações com espírito analítico sempre vigilante. A falta de benevolência, a crítica exagerada, a malsinação sistemática podem, entretanto, desanimar o médium, compelido a abandonar tudo, ou pelo menos afastá-lo [...].[218]

Léon Denis aconselha que, ao lado da avaliação rigorosa de cada ditado mediúnico, não se percam a bondade e a compreensão para com o médium. O doutrinador deve estar ciente de que responde pelo ânimo de todos. Um agrupamento mediúnico não se forma ao acaso. Normalmente,

---

[216] Nota do autor: Ver capítulo 12, anterior.
[217] Denis, Léon. *No invisível*, 1ª pt., cap. 4.
[218] Ibid. 1ª pt., cap. 9.

são vínculos do passado ou compromissos assumidos antes da reencarnação que levam médiuns a se encontrarem no Centro Espírita e formarem a equipe mediúnica. Assim, o apoio mútuo, a orientação amiga, a amizade sincera devem permear o relacionamento dos membros do grupo, favorecendo o cumprimento das responsabilidades atinentes a cada um.

Médiuns psicofônico e esclarecedor formam um só corpo com atribuições distintas. Nessa relação, a amizade, a confiança, o desejo de auxiliar são elementos que favorecem o curso dos trabalhos. É com base nisso que o esclarecedor terá condições de ajudar o médium a corrigir-se, apurando-lhe a conduta durante o transe.

Assim como os demais médiuns, o esclarecedor é sempre requisitado pela equipe coordenadora das atividades de intercâmbio para atividades durante o sono físico, razão pela qual deve estar devidamente sintonizado com o bem, num preparo individual compatível com as ações dos mentores elevados do serviço.

O doutrinador diuturnamente é observado pelas entidades assistidas nas sessões que promove, como testemunhas ocultas de seus atos a atestar o esforço que faz para se transformar para melhor. Isso é crucial para que tenha ascendência moral sobre os enfermos do Além, sob pena de suas palavras soarem vazias nos corações daqueles que lhe buscam a presença.

40 AUTOCONTROLE

Vieram conosco, sentaram-se entre os ouvintes numerosos. Mas, em meio dos estudos evangélicos, tentaram assaltar as faculdades mediúnicas da irmã Isabel, para transmissão de uma mensagem de teor menos edificante. Sentindo-nos a vigilância e surpreendidos pelos cooperadores desta santificada oficina, revoltaram-se, estabelecendo grande distúrbio.[219]

Cumpre ao psicofônico o dever de discernir quanto à conveniência ou não de permitir o transe mediúnico por seu intermédio.

Existem situações em que a verificação da presença do desencarnado pode induzir a ocorrência do fenômeno; no entanto, importa avaliar a oportunidade, com vistas a não alterar, indevidamente, a programação das atividades.

André Luiz alude, na epígrafe, ao prejuízo de manifestações durante as sessões dedicadas ao estudo.

O médium não deve sentir-se obrigado a apassivar-se sempre. Mediunizar-se a qualquer hora e local é sintoma de desequilíbrio. A propósito, observa André Luiz a conduta de certa médium vigilante ao trabalho que desempenha:

> Anotei-lhe a cautela para não se apassivar, a fim de seguir, por si própria, todos os trâmites do socorro.[220]

---

[219] XAVIER, Francisco Cândido. *Os mensageiros*. Cap. 39.
[220] Id. *Nos domínios da mediunidade*. Cap. 9.

Ocorre que entidades menos equilibradas se aproximam dos médiuns, pretendendo estabelecer tumulto e desvio do objetivo de determinadas reuniões. Daí a importância de exercitar a disciplina e o autodomínio. A exemplo, evitar o transe durante a aplicação ordinária de passes e no culto do Evangelho no lar.

O tema é amplo e André Luiz segue abordando-o:

> É possível a interferência de outra entidade desditosa ou perturbada que compareça, arrebatadamente, por intermédio desse ou daquele médium psicofônico ainda fracamente habilitado ao controle de si próprio.[221]

O médium que se presta ao transe sem controle ainda carece de habilitação completa para o trabalho.

Alertando os médiuns quanto ao domínio de si mesmos durante transe mediúnico, afirma:

> Domínio completo sobre si próprio, para aceitar ou não a influência dos Espíritos desencarnados, inclusive reprimir todas as expressões e palavras obscenas ou injuriosas, que essa ou aquela entidade queira pronunciar por seu intermédio.[222]

Outros aspectos acerca do autodomínio do médium são considerados nos excertos que se seguem.

Quanto ao número de passividades, em sessão de desobsessão, alerta:

> A cada médium, duas passividades por reunião.[223]

---

[221] XAVIER, Francisco Cândido. *Desobsessão*. Cap. 50.
[222] Ibid. Cap. 25.
[223] Ibid. Cap. 40.

Na hipótese de manifestações simultâneas, recomenda:

> É desaconselhável se verifique o esclarecimento simultâneo a mais de duas entidades carentes de auxílio, para que a ordem seja naturalmente assegurada. Ainda quando o sensitivo tenha as suas faculdades assinaladas por avançado sonambulismo, deve e pode exercitar o autodomínio.[224]

Em relação à agitação que pode ocorrer durante o transe, pondera:

> Desobsessão é obra de reequilíbrio, refazimento, nunca de agitação e teatralidade.[225]

No entanto, sem rigores, alude à possibilidade de certa movimentação, decorrente do estado da entidade comunicante:

> Realmente, em casos determinados, o medianeiro da psicofonia não pode governar todos os impulsos destrambelhados da Inteligência desencarnada que se comunica na reunião, como nem sempre o enfermeiro logra impedir todas as extravagâncias das pessoas acamadas.[226]

No tocante a possíveis exageros, adverte:

> Os medianeiros psicofônicos nunca admitam tanto descontrole que cheguem ao ponto de derribar móveis ou quaisquer objetos, tumultuando o ambiente.[227]

---

[224] XAVIER, Francisco Cândido. *Desobsessão*. Cap. 43.
[225] Ibid. Cap. 43.
[226] Ibid. Cap. 43.
[227] Ibid. Cap. 46.

Para evitar o sono e a possível hipnose por obsessores oportunistas, aconselha:

> Os médiuns psicofônicos evitem a todo custo, em qualquer período da reunião, vergar a cabeça sobre os braços.[228]

Sobre a disciplina em plano maior, à qual deve ajustar-se todo médium, justo recordarmos a magna orientação dada ao jovem Chico Xavier, no seu primeiro contato consciente com Emmanuel, às margens de um açude em Pedro Leopoldo (MG):

— Está realmente disposto a trabalhar na mediunidade?

— Sim, se os bons Espíritos não me abandonarem.

— Você não será desamparado, mas para isso é preciso que trabalhe, estude e se esforce no bem.

— O senhor acha que estou em condições de aceitar o compromisso?

— Perfeitamente, desde que respeite os três pontos básicos para o serviço.

Diante do silêncio do desconhecido, Chico perguntou:

— Qual o primeiro ponto?

A resposta veio seca:

— Disciplina.

— E o segundo?

— Disciplina.

— E o terceiro?

---

[228] XAVIER, Francisco Cândido. *Desobsessão*. Cap. 49.

— Disciplina, é claro.[229]

Em geral, a palavra "disciplina" é tomada unicamente como exigência de cumprimento de horários, obediência a regulamentos ou assiduidade em compromissos. Assim, seria disciplinado o médium pontual ou não faltoso.

Disciplina é isso e muito mais.

Ao médium cumpre a disciplina de pensamentos, atos e palavras. Eis os três pontos aos quais provavelmente Emmanuel se referia. Numa síntese: disciplina emocional, como raiz de toda realização e vivência interpessoal. O médium é senhor de sua mente. Não esqueçamos que o homem é o único ser capaz de pensar o ato de pensar, ou seja, analisar e criticar a elaboração dos próprios pensamentos. Em se mantendo atento ao que pensa, controlando-se, adquirirá consciência do seu papel de médium e servidor do Cristo, alcançará uma natural disciplina, em plano maior, condição essa fundamental para se trabalhar ao lado das Grandes Almas.

---

[229] MAIOR, Marcel Souto. *As vidas de Chico Xavier*. Cap. 3.

41 XENOGLOSSIA

Achávamo-nos no Brasil e a obsidiada ensaiava frases num dialeto já morto.[230]

A xenoglossia ou mediunidade poliglota, segundo Allan Kardec, é a faculdade de falar ou escrever em línguas que são desconhecidas do médium.[231] O fenômeno é descrito na Bíblia, quando os apóstolos, em transe, falaram com os estrangeiros, na língua deles, durante a festa judaica do Pentecostes.[232]

O termo foi proposto por Charles Richet, conforme menciona Ernesto Bozzano, na obra *Xenoglossia*, para diferenciar o fenômeno mediúnico da glossolalia:

> O termo *xenoglossia* foi proposto pelo professor Richet, com o intuito de distinguir, de modo preciso, a mediunidade poliglota propriamente dita, pela qual *os médiuns falam ou escrevem em línguas que eles ignoram totalmente e, às vezes, ignoradas de todos os presentes,* dos casos afins, mas radicalmente diversos, de *glossolalia,* nos quais *os pacientes sonambúlicos falam ou escrevem em pseudolínguas inexistentes, elaboradas nos recessos de suas subsconsciências,* pseudolínguas que não raro se revelam

---

[230] XAVIER, Francisco Cândido. *Nos domínios da mediunidade.* Cap. 23.
[231] Nota do autor: Ver *O livro dos médiuns.* 2ª pt., cap. 16, it. 191.
[232] *Atos,* 2:1-4

orgânicas, por serem conformes às regras gramaticais (grifos do autor).²³³

A glossolalia seria, como visto, criação subconsciencial de uma língua, sem nenhum caráter mediúnico, normalmente decorrente de uma patologia mental. Diversamente, na xenoglossia (de *xen* — estrangeiro e *gloss* — língua), temos a manifestação de um Espírito, que se expressa num idioma desconhecido do psicofônico nesta encarnação.

André Luiz aborda o fenômeno, elucidando as condições de sua ocorrência, ao analisar um delicado processo de fascinação:

> Estamos à frente de um caso de mediunidade poliglota ou de xenoglossia — explicou o Assistente. — O filtro mediúnico e a entidade que se utiliza dele acham-se tão intensamente afinados entre si que a passividade do instrumento é absoluta, sob o império da vontade que o comanda de modo positivo.²³⁴

No caso em apreço, a ligação da psicofônica sonâmbula com o obsessor era de tal sorte intensa que a entidade, por ocasião do transe, pôde manipular os recursos mnemônicos arquivados no inconsciente da médium, advindos de outras encarnações, para se expressar. Segundo André Luiz, o fenômeno somente é possível em virtude da sintonia estabelecida e mantida por anos ou séculos a fio, entre médium e comunicante:

> — O problema é de sintonia — informou o Assistente.

---

²³³ BOZZANO, Ernesto. *Xenoglossia*. Introdução.
²³⁴ XAVIER, Francisco Cândido. *Nos domínios da mediunidade*. Cap. 23.

> — Contudo, se a doente não lhe houvesse partilhado da experiência terrestre, como legítima associada de seu destino, poderia o comunicante externar-se no dialeto com que se caracteriza?
>
> — Positivamente não — esclareceu Áulus. — Em todos os casos de xenoglossia, é preciso lembrar que as forças do passado são trazidas ao presente. Os desencarnados, elaborando fenômenos dessa ordem, interferem, quase sempre, através de impulsos automáticos, nas energias subconscienciais, mas exclusivamente por intermédio de personalidades que lhes são afins no tempo.[235]

Em termos de xenoglossia, sem que o médium ofereça condições psíquicas ao comunicante, como, por exemplo, ter habitado numa comunidade estrangeira e mantido a ligação psíquica por tempo dilatado com uma personalidade daquela comunidade, como já referido, o fenômeno não se dará. Um médium que não disponha desses recursos anímicos é inapto ao fenômeno. Essa a conclusão de André Luiz:

> — Podemos concluir, então, que se a enferma fosse apenas médium, sem o pretérito de que dá testemunho, a entidade não se exprimiria por ela numa expressão cultural diferente da que lhe é própria...
>
> — Sim, sem dúvida alguma — aprovou o instrutor —; em mediunidade há também o problema da sintonia no tempo...[236]

A mediunidade poliglota sempre foi motivo de pesquisas. Na obra citada, Bozzano faz uma classificação

---

[235] XAVIER, Francisco Cândido. *Nos domínios da mediunidade*. Cap. 23.
[236] Ibid. Cap. 23.

da xenoglossia, tendo por critério os diversos modos de sua ocorrência:

> Do ponto de vista da classificação dos casos, observo que os fenômenos de "xenoglossia" se produzem nas seguintes modalidades várias de características extrínsecas: com o "automatismo falante" (possessão mediúnica); com a "mediunidade audiente" (clariaudiência), caso em que o médium repete foneticamente as palavras que subjetivamente percebe; com o "automatismo escrevente" (psicografia e tiptologia); com a "voz direta"; com a "escrita direta". Neste último caso, trata-se, quase sempre, de mãos materializadas, visíveis ou invisíveis, que escrevem *diretamente* as suas mensagens. Cumpre se lhes juntem, finalmente, os poucos casos de fantasmas materializados, que escreveram ou falaram em línguas ignoradas do médium (grifo do autor).[237]

Devemos considerar que toda fenomenologia interpretada pela ótica cristã atende ao comando de entidades benévolas, que permitem ocorrências metafísicas excepcionais, visando sempre o consolo, a terapia espiritual e o bem comum.

---

[237] BOZZANO, Ernesto. *Xenoglossia*. Introdução.

42 REPERCUSSÃO DO TRANSE NO DESENCARNADO: A CRISE DO DESPERTAR

Reparei que os sentidos do insensível perseguidor ganharam inesperada percepção. Visão, audição, tato e olfato foram nele subitamente acordados. Parecia um sonâmbulo, despertando. À medida que se lhe casavam as forças às energias da médium, mais se acentuava o fenômeno de reavivamento sensorial. Apossando-se provisoriamente dos recursos orgânicos de dona Isaura, em visível processo de "enxertia psíquica", o hipnotizador gritou e chorou lamentosamente.[238]

O transe para o desencarnado em processo de desobsessão é um episódio de graves consequências. André Luiz, descrevendo as sensações da entidade ao contato com o aparelhamento mediúnico, informa que o estabelecimento do circuito mediúnico enseja um reavivamento dos sentidos adormecidos do comunicante. O contato com os fluidos orgânicos provocam o despertar do Espírito, que, nesse estado, fica receptivo à assistência dos orientadores espirituais.

Na condição em que se encontram, isto é, na esfera espiritual, muita vez as entidades estacionam em processos auto-hipnóticos, resultado do monoideísmo criado pelo

---

[238] XAVIER, Francisco Cândido. *Libertação*. Cap. 15.

ódio, pelo remorso ou pelo medo e isso lhes impede o retorno à realidade ou ao fluxo contínuo dos pensamentos. Para esses Espíritos, as energias mediúnicas circulantes no momento do transe provocam o que se pode denominar de *crise do despertar*, constituindo-se numa ruptura nas elaborações mentais negativas, a interromper o círculo vicioso dos pensamentos obnubilados, fazendo com que a entidade volte ao estado consciencial, ensejando-lhe sensíveis melhoras em nível mental, perispiritual e emocional.

Cada desencarnado, a depender do seu estado, exibirá sensações próprias, depois do transe. Na grande maioria, as vibrações perispirituais do médium, com alta carga de energia orgânica, podem promover no desencarnado, variando caso a caso:

a) Bloqueio momentâneo dos pensamentos repetitivos e obsedantes;

b) Percepção clara do ambiente e da realidade em que se encontra;

c) Entorpecimento geral;

d) Languidez;

e) Redistribuição da circulação das energias perispirituais;

f) Bem-estar;

g) Retorno às salutares emoções como o pranto, a gratidão, desejo de perdoar, dentre outros.

Nesses momentos a entidade é conduzida aos departamentos de assistência existentes no Mundo Espiritual, auferindo a serenidade há muito esquecida. Esse processo é assim descrito por André Luiz:

> [...] depois de sessenta minutos de exaustivo embate emocional, Gaspar foi conduzido por dois servidores de nossa equipe ao lugar que lhe correspondia, isto é, à posição de demente com retorno gradativo à razão.[239]

Yvonne Pereira, em *Memórias de um suicida*, informa que, para muitos suicidas, o contato com as forças orgânicas do médium é terapia de choque, pois a condição psíquica deles, após o ato extremo, impede que vejam inclusive os mentores que os assistem:

> Urgia chocá-los com a revivescência de vibrações animalizadas a que estavam habituados, tornando-os capazes de algo entenderem através da ação e da palavra humanas! Que fazer, se não chegavam a compreender a palavra harmoniosa dos mentores espirituais, tampouco vê-los com o desembaraço preciso, aceitando-lhes as sugestões caridosas [...].[240]

Assistência desobsessiva, por esse prisma, é ato de caridade espiritual, pois a perturbação dos desencarnados empedernidos pode durar séculos. Nesse contexto assistencial, o sentimento amoroso, a oração piedosa, a compreensão benévola são os maiores auxílios que toda equipe desobsessiva prestará na recuperação da mente enferma.

---

[239] XAVIER, Francisco Cândido. *Libertação*. Cap. 15.
[240] PEREIRA, Yvonne A. *Memórias de um suicida*. 1ª pt. Cap. 6.

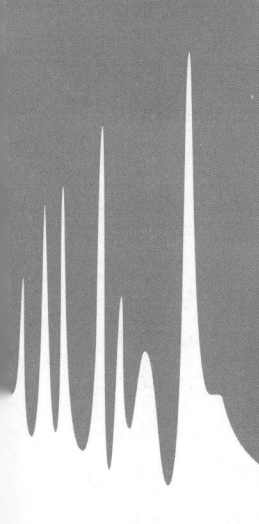

43 CONTINUIDADE DA TERAPIA DESOBSESSIVA

Volte à companheira e, tão logo se desligue Celina do corpo, pela influência do sono, traga-a em sua companhia, a fim de que possamos seguir todos juntos. Aguardá-los-emos no jardim próximo.[241]

Cogitemos que toda obsessão é uma perturbação em um relacionamento interpessoal, independentemente do nível em que se dê. Assim considerada, obsessor e obsidiado são, ao mesmo tempo, vítima e algoz.

O processo desobsessivo, ou terapia desobsessiva, constitui-se num conjunto de ações coordenadas com o fim de restabelecer a sanidade de ambos. Inicia-se no momento em que a Misericórdia divina considera tanto o encarnado enfermo quanto o desencarnado perturbado merecedores de libertação mútua. Nesse momento, ainda desconhecido na Terra, os assistentes espirituais recebem autorização para intervir na ligação psíquica mórbida formada entre os envolvidos.

A partir da Deliberação divina, movem-se os benfeitores espirituais, muitas vezes familiares desencarnados

---
[241] XAVIER, Francisco Cândido. *Nos domínios da mediunidade*. Cap. 14.

piedosos, que criam as condições favoráveis ao ensejo libertatório. Até que se dê o transe mediúnico, com o esclarecimento do obsessor, muito já foi feito pela equipe espiritual. Comumente, a manifestação na sessão de desobsessão do Espírito desequilibrado é a culminância de anos de serviço intenso na Espiritualidade.

A terapia desobsessiva é uma tarefa sem solução de continuidade, que segue, inclusive, após a sessão mediúnica. É muito comum os membros da equipe mediúnica serem convocados para o prosseguimento da tarefa assistencial tanto nas esferas espirituais quanto no próprio orbe, durante o sono físico. Essa é a menção de André Luiz na epígrafe que inaugura o presente capítulo.

O médium de desobsessão necessita preparar-se psiquicamente pela prece e vigilância para tornar-se apto a qualquer convite que receba dos dirigentes espirituais da equipe à qual esteja vinculado.

No entanto, nem sempre esse preparo é feito. Não é raro o médium se libertar do corpo, no momento do repouso, e buscar ambientes outros de sua predileção, em detrimento do trabalho espiritual:

> Quando o corpo terrestre descansa, nem sempre as almas repousam. Na maioria das ocasiões, seguem o impulso que lhes é próprio. Quem se dedica ao bem, de um modo geral continua trabalhando na sementeira e na seara do amor, e quem se emaranha no mal costuma prolongar no sono físico os pesadelos em que se enreda...[242]

A terapêutica desobsessiva é complexa e Allan Kardec, em *O evangelho segundo o espiritismo*, elenca três fatores essenciais para o êxito da tarefa:

---

[242] XAVIER, Francisco Cândido. *Nos domínios da mediunidade*. Cap. 24.

a) Fluidoterapia, que consiste na substituição dos fluidos negativos que envolvem o obsesso encarnado por fluidos bons;

b) Evangelização do desencarnado;

c) Busca da transformação moral do encarnado.

Esta a prescrição contida na obra aludida:

> Nos casos de obsessão grave, o obsidiado se acha como que envolvido e impregnado de um fluido pernicioso, que neutraliza a ação dos fluidos salutares e os repele. É desse fluido que importa desembaraçá-lo. Ora, um fluido mau não pode ser eliminado por outro fluido mau.
>
> Mediante ação idêntica à do médium curador nos casos de enfermidade, cumpre se elimine o fluido mau com o auxílio de um fluido melhor, que produz, de certo modo, o efeito de um reativo. Esta a ação mecânica, mas que não basta; necessário, sobretudo, é que se atue sobre o ser inteligente, ao qual importa se possa falar com autoridade, que só existe onde há superioridade moral. Quanto maior for esta, tanto maior será igualmente a autoridade.
>
> E não é tudo: para garantir-se a libertação, cumpre induzir o Espírito perverso a renunciar aos seus maus desígnios; fazer que nele despontem o arrependimento e o desejo do bem, por meio de instruções habilmente ministradas, em evocações particulares, objetivando a sua educação moral. Pode-se então lograr a dupla satisfação de libertar um encarnado e de converter um Espírito imperfeito.

> A tarefa se apresenta mais fácil quando o obsidiado, compreendendo a sua situação, presta o concurso da sua vontade e da sua prece.[243]

Aos três pontos elencados, outro deve ser agregado: a assistência à família do encarnado enfermo. Em casos de padecimento obsessivo, é muito comum toda a família ficar envolvida e precisar de auxílio coletivo. Observemos a preocupação dos orientadores espirituais por ocasião de um tratamento narrado por André Luiz:

> O triunfo essencial ainda não veio. Margarida recebeu amparo imediato, mas precisamos agora socorrer-lhe a casa, até que ela mesma incorpore à própria individualidade, em caráter definitivo, os benefícios aqui recolhidos.[244]

Um cuidado que toda equipe desobsessiva deve ter é o de evitar a promessa de cura ou mesmo estabelecer um tempo para que esta se processe. Toda orientação é dos terapeutas espirituais, que decidem a seu tempo. Nesse sentido, alerta André Luiz:

> Também observei o exagerado otimismo dos companheiros, vendo que alguns deles, mais levianos, chegavam a fazer promessas formais de cura às famílias dos enfermos.[245]

Desobsessão é ato amoroso, a favor do próximo desvalido. Ao médium convém adquirir a consciência de que está em trabalho de equipe, que envolve encarnados e desencarnados, ajustando-se permanentemente à tarefa. Isso se faz na renúncia, na dedicação ao bem, no estudo meditativo, na

---

[243] KARDEC, Allan. *O evangelho segundo o espiritismo*. Cap. 28, it. 81.
[244] XAVIER, Francisco Cândido. *Libertação*. Cap. 15.
[245] Id. *Missionários da luz*. Cap. 18.

busca de uma vivência apostolar para conquistar o discipulado ao lado de Jesus.

REFERÊNCIAS

AKSAKOF, Alexandre. *Animismo e espiritismo*. 6. ed. Rio de Janeiro: FEB, 2011. v. 1.

_____. *Animismo e espiritismo*. 6. ed. Rio de Janeiro: FEB, 2012. v. 2.

ANDREA, Jorge. *Visão espírita das distonias mentais*. 5. ed. Rio de Janeiro: FEB, 2010.

BIBLIOTECA de Auxílio ao Sistema Educacional. Eletroímã [verbete]. São Paulo: Iracema, 2003. v. 4.

_____. Pavlov [verbete]. São Paulo: Iracema, 2003. v. 8.

BOZZANO, Ernesto. *Animismo ou espiritismo?* 7. ed. Rio de Janeiro: FEB, 2010.

_____. *Xenoglossia*. 5. ed. Rio de Janeiro: FEB, 2008.

BRENNER, Charles. *Noções básicas de psicanálise:* introdução à psicologia psicanalítica. 3. ed. São Paulo: USP, 1975.

CAPRA, Fritjof. *O ponto de mutação*. 25. ed. São Paulo: Cultrix, 2005.

CRESPO, E.G.; VIEGAS, A. M. A glândula pineal. *In*: _____. *Evolução do complexo pineal dos vertebrados*. Lisboa: Sociedade Portuguesa de Ciências Naturais, 1991. Disponível em <http://triplov.com/crespo/pineal.html>. Acesso em: 1 ago. 2014. v. 16.

DALAI LAMA; CUTLER, Howard C. *A arte da felicidade*: um manual para a vida. São Paulo: Martins Fontes, 2000.

DELANNE, Gabriel. *O fenômeno espírita*. 9. ed. Rio de Janeiro: FEB, 2010.

DENIS, Léon. *O problema do ser, do destino e da dor*. 32. ed. Brasília: FEB, 2015.

_____. *No invisível*. 26. ed. Brasília: FEB, 2014.

GARDNER, Howard. *Inteligências múltiplas:* a teoria na prática. Porto Alegre: Artes Médicas, 1995.

GROOTE, Jean-Jacques de. *A teoria quântica depois de Planck*. Disponível em: <www.comciencia.br>. Acesso em: 14 jan. 2006.

KARDEC, Allan. *A gênese*. Trad. Guillon Ribeiro. 53. ed. Brasília: FEB, 2015.

_____. *Obras póstumas*. Trad. Guillon Ribeiro. 1. ed. especial. Rio de Janeiro: FEB, 2011.

_____. *O céu e o inferno*. Trad. Guillon Ribeiro. 61. ed. Brasília: FEB, 2015.

_____. *O evangelho segundo o espiritismo*. Trad. Guillon Ribeiro. 131. ed. Brasília: FEB, 2015.

_____. *O livro dos espíritos*. Trad. Guillon Ribeiro. 93. ed. Brasília: FEB, 2013.

_____. *O livro dos médiuns*. Trad. Guillon Ribeiro. 81. ed. Brasília: FEB, 2015.

_____. *O que é o espiritismo*. Trad. Guillon Ribeiro. 56. ed. Brasília: FEB, 2014.

KRUSZIELSKI, Leandro. *Sobre a teoria das inteligências múltiplas, de Gardner.* Disponível em: <www.oestrangeiro.net>. Acesso em: 11 jan. 2006.

LEADBEATER, C. W. *Os chacras*. São Paulo: Pensamento, 1988.

MAIOR, Marcel Souto. *As vidas de Chico Xavier*. 2. ed. rev. e ampl. São Paulo: Planeta do Brasil, 2003.

MIRANDA, Hermínio C. *Diversidade de carismas*: teoria e prática da mediunidade. 4. ed. São Paulo: Lachâtre, 2006.

PASTORINO, Carlos Torres. *Sabedoria do evangelho*. Rio de Janeiro: Sabedoria, 1969. v. 6.

PERALVA, Martins. *Estudando a mediunidade*. 27. ed. Brasília: FEB, 2014.

PEREIRA, Yvonne A. *Devassando o invisível*. 15. ed. Brasília: FEB, 2014.

_____. *Memórias de um suicida*. 27. ed. Brasília: FEB, 2015.

_____. *Recordações da mediunidade*. 12. ed. Brasília: FEB, 2015.

RODITI, Itzhak. *Dicionário Houaiss de física*. Rio de Janeiro: Objetiva, 2005.

SCHUBERT, Suely Caldas. *Testemunhos de Chico Xavier*. 4. ed. Rio de Janeiro: FEB, 2010.

_____. *Transtornos mentais*. 2. ed. Araguari: Minas Editora, 2001.

TROVÃO, Jacobson Sant'Ana. *ABC da juventude*. Pelo Espírito Marinho. Goiânia: FEEGO, 2011.

UNIÃO ESPÍRITA MINEIRA. *Chico Xavier*: mandato de amor. Belo Horizonte: União Espírita Mineira, 1992.

VIEIRA, Rodrigo Machado; SOUZA, Diogo O.; KAPCZINSKI, Flávio. Neuropatologia de células gliais em modelo de integração neurônio-glia no transtorno de humor bipolar. *Revista de Psiquiatria Clínica*. Disponível em <www.hcnet.usp.br>. Acesso em: 2 out. 2005.

XAVIER, Francisco Cândido. *Ação e reação*. Pelo Espírito André Luiz. 30. ed. Brasília: FEB, 2015.

_____. *A terra e o semeador*. Pelo Espírito Emmanuel. 4. ed. São Paulo: Instituto de Difusão Espírita, 1982.

_____. *E a vida continua*. Pelo Espírito André Luiz. 35. ed. Brasília: FEB, 2015.

_____. *Entre a Terra e o céu*. Pelo Espírito André Luiz. 27. ed. Brasília: FEB, 2015.

_____. *Entrevistas*. Pelo Espírito Emmanuel. 3. ed. São Paulo: Instituto de Difusão Espírita, 1981.

_____. *Fonte viva*. Pelo Espírito Emmanuel. 1. ed. 8. imp. Brasília: FEB, 2015

_____. *Libertação*. Pelo Espírito André Luiz. 27. ed. Brasília: FEB, 2015.

_____. *Mediunidade e sintonia*. Pelo Espírito Emmanuel. 4. ed. São Paulo: Cultura Espírita União, 1986.

_____. *Missionários da luz*. Pelo Espírito André Luiz. 45. ed. Brasília: FEB, 2015.

_____. *No mundo maior*. Pelo Espírito André Luiz. 28. ed. Brasília: FEB, 2015.

_____. *Nos domínios da mediunidade*. Pelo Espírito André Luiz. 27. ed. Brasília: FEB, 2015.

_____. *Nosso lar*. Pelo Espírito André Luiz. 64. ed. Brasília: FEB, 2015.

_____. *Obreiros da vida eterna*. Pelo Espírito André Luiz. 35. ed. Brasília: FEB, 2013.

_____. *O consolador*. Pelo Espírito Emmanuel. 29. ed. Brasília: FEB, 2015.

_____. *Os mensageiros*. Pelo Espírito André Luiz. 47. ed. Brasília: FEB, 2015.

_____. *Parnaso de além-túmulo*. Espíritos diversos. 17. ed. Rio de Janeiro: FEB, 2004.

_____. *Seara dos médiuns*. Pelo Espírito Emmanuel. 20. ed. Brasília: FEB, 2015.

_____. *Vozes do grande além*. Espíritos diversos. Organizado por Arnaldo Rocha. 6. ed. Brasília: FEB, 2013.

_____. Pelo Espírito Irmão Jacob. *Voltei*. 28. ed. Brasília: FEB, 2014.

_____; VIEIRA, Waldo. *Desobsessão*. Pelo Espírito André Luiz. 28. ed. Brasília: FEB, 2015.

_____;_____. *Estude e viva*. 14. ed. Brasília: FEB, 2015.

_____;_____. *Evolução em dois mundos*. Pelo Espírito André Luiz. 27. ed, Brasília: FEB, 2015.

_____; _____. *Mecanismos da mediunidade*. Pelo Espírito André Luiz. 28. ed. Brasília: FEB, 2016.

_____; _____. *Sexo e destino*. Pelo Espírito André Luiz. 34. ed. Brasília: FEB, 2015.

ÍNDICE GERAL[246]

Adrenalina
ajustamento para a incorporação e – XXXIII, 189, nota

Água magnetizada
normalização perispiritual e orgânica e – XXXIV, 196

Aksakof, Alexandre
animismo e – XV, 85
Animismo e espiritismo, livro, e – XV, 85
prova da mediunidade e – XV, 88

Alexandre, ministro
mediunidade e – apres., 13, nota
Nosso Lar, colônia espiritual, e – apres., 13
trabalho dos médiuns e – apres., 13, nota

Alma
comunicação da * do médium – XV, 87
edificação da – XXIII, 135
educação da * e progresso mediúnico – XXIII, 136
pensamento e comunicação da – XI, 66
percepções sutilizadas da * e lobos frontais – XXV, 151
renovação da * e educação da mediunidade – XXIII, 139

Ambrosina, médium
mandato de serviço mediúnico e – XXIX, 171, nota

Anemia intelectual
Léon Denis e – X, 62, nota

Animismo
afastamento do intercâmbio espiritual e – XV, 85

---

[246] O número romano remete ao capítulo. O número arábico remete à página. Foram utilizadas as abreviaturas apres. e introd. para as palavras Apresentação e Introdução.

André Luiz e – XV.I, 91, 92, nota; XV.IV, 95, nota
Alexandre Aksakof e – XV, 85
Allan Kardec, perguntas e respostas e – XV, 86- 88, nota
assédio obsessivo e – XV.I, 92
compreensão e – XV.I, 92
conceito e – XV, 85, nota
desdobramento e – XV.I, 92
detratores do Espiritismo e – XV, 88
especialização mediúnica e – XV.III, 94
essência da ocorrência mediúnica e – XV.IV, 96
exercício da mediunidade e – XIV, 79, nota
intermediação e – XV, 86
Mecanismos da mediunidade, livro, e – XV.I, 90, nota
medo e – V, 40
mistificação e – XV.IV, 96
mito na prática mediúnica e – V, 40, nota
possibilidades mentais e – XV.IV, 95, nota
processos autêntico e – XV.I, 89, nota
tabu e – XV.IV, 96
terapia e – XV.I, 90

Animismo e espiritismo, livro
Alexandre Aksakof e – XV, 85

Anjo guardião
evangelho segundo o espiritismo, O, livro, e – IX, 58, 59, nota

Anjos, Augusto dos
desejo, vontade e – III, 31
Parnaso de além-túmulo, livro, e – III, 31

Aperfeiçoamento espiritual
mediunidade e – apres., 11

Ar
magnetização e – XXXIII, 190, notas

Assistência desobsessiva
caridade espiritual e – XLII, 247

Associação Médico-Espírita do Brasil
avaliação e tratamento da alma e – XVII, 107

Atração magnética
André Luiz e – XXXV, 201, nota, 202, notas

Bhagavad-Gita
desejo dos prazeres e – III, 29

Bíblia
xenoglossia e – XLI, 241, nota

Boa-Nova *ver* Evangelho de Jesus

Bozzano, Ernesto
  prova da mediunidade e – XV, 88
  xenoglossia, classificação e – XLI, 243, 244, nota
  Xenoglossia, livro, e – XLI, 241

Budismo
  desejo das satisfações físicas e – III, 29

Capacidade Receptiva Mediúnica
  conceito e – XXI, 124
  fatores influenciadores e – XXI, 125-127, 130
  Francisco Cândido Xavier e – XXI, 124
  Isabel, médium, e – XXI, 124
  médium descuidado e invigilante e – XXI, 127
  Yvonne Pereira e – XXI, 124

Capacitância mediúnica
  André Luiz e – XXVIII.III, 165, nota, 166, nota
  conceito e – XXIX, 169
  transe mediúnico e – XXVIII.III, 165

Casa espírita *ver* Centro espírita

Casa mental *ver* Mente

Celina, médium
  sonambulismo e – XXXVIII, 221-224, nota

Centro cardíaco
  função e – XXXIV, 195, nota

Centro cerebral
  função e – XXXIV, 195, nota
  localização e – XXXIV, 195, nota

Centro coronário
  chacra e – XXIV, 142
  conceito e – XXIV, 142, nota
  egípcios e – XXIV, 142
  função e – XXXIV, 195, nota
  localização e – XXXIV, 194, nota

Centro de energia vital *ver* Centro vital

Centro de força laríngeo
  utilização e – XXXIV, 194

Centro Espírita
  companhias espirituais e – XI, 65
  líderes de legiões obsessoras e – VIII, 54
  trabalho em equipe e – VII, 49

Centro esplênico
função e – XXXIV, 195, nota

Centro gástrico
função e – XXXIV, 195, nota

Centro genésico
função e – XXXIV, 195, nota

Centro laríngeo
função e – XXXIV, 195, nota

Centro vital
centro cerebral e –
  XXXIV, 195, nota
centro coronário e – XXIV, 142,
  nota; XXXIV, 194, nota
glândula pineal e – XXIV, 142
localização e – XXXIV, 196

Cérebro
condensação de energias e * do
  médium – XXXIII, 188, nota
estação radiofônica e * do médium – XXVI, 154, nota
estação receptora e transmissora e – XXVI, 155
funcionamento e – XXV, 150
incapacidade de conexão
  e * material – II, 25

Chacra *ver* **Centro vital**

Charles, Espírito
Yvonne Pereira e – IX, 57

***Chico Xavier, mandato de amor*, livro**
Arnaldo Rocha e – introd., 16

Cientista que curou seu próprio cérebro, A,
Livro
Jill B. Taylor, cientis-
  ta, e – XXV, 150

Circuito elétrico
circuito mediúnico e
  – XXVIII, 161
elementos e – XXVIII, 161

Circuito mediúnico
manutenção e – XXVIII.I, 163
resposta mental do mé-
  dium e – XXXI, 177
vontade-apelo e – XXVIII, 162

Clarividência
Olho de Hórus e – XXIV, 142

Compromisso mediúnico
início da tarefa e – XXII, 131

Comunicação mediúnica
esforço dos orientadores e –
  XXXI, 178, nota, 179, nota
objetivo e – XXXI, 179
recursos do médium e – XV.II, 94

Concentração
ato natural na alma e – XXX, 175
conceito e – XXX, 173

impeditivos e – XXX, 173
médium e – XXVI, 154; XXVII, 158, 159
tipos e – XXX, 173

Concentração mediúnica
conceito e – XXX, 173
exigências e – XXX, 175

Concentração mental
técnica e prática diária e – XXX, 174
utilidade e – XXX, 173

Consolador, O, livro
Emmanuel, Espírito, e – XIV, 80
mistificação e – XIV, 80, nota

Corpo espiritual *ver* Perispírito

Corpo físico
sensibilidade e – II, 25

Corpo fluídico *ver* Perispírito

Córtex cerebral
linguagem dos desencarnados e – XXVI, 153

Criador *ver* Deus

Crise do despertar
considerações sobre – XLII, 246-247, nota

Cristo *ver* Jesus

Crítica
distância dos corações e – VII, 48
medo e – V, 40
precipitação e – XXXI, 179

CRM *ver* Capacidade Receptiva Mediúnica

Cruz
condução da * e trabalho em equipe – VII, 49
dever reencarnatório e – introd., 19
Espírito Marinho e – introd., 19
Jesus e – introd., 19

Culto do Evangelho no lar
transe mediúnico e – XL, 236, nota

Cura
promessa e – XLIII, 252, nota

D'Aquili, Eugene, cientista
neuroanatomia e – XXV, 150

Delanne, Gabriel
prova da mediunidade e – XV, 88

Denis, Léon, Espírito
anemia intelectual e – X, 62, nota
boa mediunidade e – X, 63, nota
elevação moral e – XI, 68
estudo silencioso e recolhido e – X, 61, 62, nota
inspiração e – X, 62, nota
invisível, No, livro, e – XI, 68, nota; XVI, 99-100, nota; XXXIX, 232
meditação e – X, 62, nota
recomendação ao doutrinador e – XXXIX, 232, nota
renúncia e – XI, 68
Yvonne Pereira e – IX, 57

Descartes, René
glândula pineal e – XXIV, 142

Desencarnação
atração magnética após – XI, 66
ligações mentais simbióticas e – XVI, 102, nota
satisfação dos sentidos após – XI, 66
situação do médium após – IV, 34, 35, nota

Desenvolvimento mediúnico
ascensão espiritual e – XXIII, 136, nota
conceito e – XXIII, 135, 136, nota
disciplina e – XXIII, 137

Desobsessão
ato amoroso e – XLIII, 252
avaliações após a reunião de – XXXVI, 210, 211, notas
cuidados no dia da reunião de – XXXII, 184, notas, 185, nota
Francisco Cândido Xavier e – XV.III, 94, nota; XX, 119, nota; XXXI, 177, nota
reunião de * e médium psicofônico – XXXII, 183
sinais, sintomas e reunião de – XXXII, 183
tempo de diálogo e – XXXIX, 231, nota
terapia e – XVII, 106
término da reunião de – XXXVI, 210

Desobsessão, livro
especialização mediúnica e – XV.III, 94, nota
Francisco Cândido Xavier e – XV.III, 94, nota; XX, 119, nota; XXXVI, 209, nota; XXXIX, 229, nota

Devassando o invisível, livro
Yvonne Pereira e – IX, 57

Dirigente espiritual
corrente mental e – XXXV.I, 206, 207, notas, 208, nota
grupo mediúnico e – VIII, 52

Disciplina
considerações sobre – XL, 239

processo de educação mediúnica e – XXIII, 137

Domínios da mediunidade, Nos, livro
André Luiz e – XXXVIII, 219; XXXVIII.I, 224, 225, nota
Francisco Cândido Xavier e – IX, 57, nota; X, 61, nota; XV, 85, nota; XVII, 105; XXXVII, 213, nota; XXXVIII, 219, nota; XLI, 241, nota; XLIII, 249, nota
enxertia neuropsíquica e – XXXV, 200, nota
psicofonia sonambúlica e – XXXVIII, 219
transe psicofônico e – XXXV, 200

Dor
perispírito e marcas da * moral – XX, 120

Doutrina Espírita *ver também* Espiritismo
conhecimento da * e compreensão da vida – XXIII, 139
estudo e – X, 63
importância da * e futuro da sociedade – XXIII, 139

Doutrinador *ver também* Esclarecedor
Allan Kardec e – XXXIX, 232, nota
esclarecedor e – XXXIX, 229, 230, nota
função e – XXXIX, 231, nota
intuição e – XX, 120

Léon Denis e recomendação ao – XXXIX, 232, nota

Educação
valores latentes e – XXII, 130

Emmanuel, Espírito
consolador, O, livro, e – XIV, 80
Estude e viva, livro, e – III, 30, nota
mediunidade e – XXIV, 144, nota
Mediunidade e sintonia, livro, e – VIII, 53
mistificação e – XIV, 80, nota
projeto idealizado pelo Plano Superior e – introd., 15
renúncia aos desejos e – III, 30, nota
supervisão da obra de André Luiz e –introd., 18

Emoção
assédio de mentes oportunistas e – XXIV, 145

Encarnação
importância da atual – I, 23
objetivo da * do médium – I, 23

Entrevistas, livro
convivência de Chico Xavier com André Luiz e – introd. 18

Enxertia neuropsíquica
domínios da mediunidade, Nos, livro, e – XXXV, 200, nota

significado da expressão – XXXV, 201

Epífise *ver também* Glândula pineal

apatita e – XXIV, 143
conceito e – XXIV, 141
fenômeno luminoso e – XXXIII, 190, nota; XXXV.I, 205, notas
glândula da mediunidade e – XXIV, 141
Índia e – XXIV, 141
Equipe mediúnica *ver também* Grupo mediúnico
aproximação das almas superiores e – VIII, 51
comportamento inadequado e – VII, 48
ideal e – VII, 49
identificação e – VII, 48
obsessão sutil e – VII, 48
trabalho em * e condução da cruz – VII, 49

Erasístrato

pineal humana e – XXIV, 142

Erasto, Espírito

livro dos médiuns, O, e – XV.II, 93, 94,nota

Esclarecedor *ver também* Doutrinador

doutrinador e – XXXIX, 229, 230, nota
função e – XXXIX, 233

Especialização mediúnica

conceito e – XX, 119
médium e – XV.III, 94; XX, 119

Espiritismo *ver também* Doutrina Espírita

curso regular e – XXIII, 139, nota
desenvolvimento dos médiuns e futuro do – XXIII, 139
detratores e – XV, 88
elevação e aperfeiçoamento moral e – XI, 68, nota
mediunidade e – VII, 47
medo e – V, 39

Espírito(s)

autoeducação e conquista do – XXIII, 137, nota
identificação do * comunicante – XXXI, 178, nota
livro dos médiuns, O, e perguntas feitas aos * – IV, 34, nota
médium e equipe de * técnicos – II, 27
resposta dos * e vício cultivado – IV, 33
tempo dos – XIX, 117
valores anímicos e comunicação entre – XV.IV, 95, nota

Espírito bom

grupo mediúnico sério e – VIII, 51

Espírito desencarnado

identificação e – XIV.I, 81

Espírito elevado
abrandamento da vibração e – XXXV.I, 203
afastamento e – IV, 33
condições para assistência e – VIII, 51
livre-arbítrio e – IV, 33
transe psicofônico e – XXXV.I, 203, 204, nota

Espírito encarnado
assistência à família do * enfermo – XLIII, 252, notas
esgotamento das energias orgânicas e – XI, 66
ligação mental entre obsessor-vampiro e – XVI, 100, nota
sintonia do * com obsessor – XI, 66

Espírito inferior
grupo mediúnico e – XII, 71

Espírito maligno
abertura de campo e – IV, 34

Espírito Marinho
ABC da Juventude, e – introd., 19, nota
Jacobson Sant'Ana Trovão e – introd., 19, nota

Espírito obsessor
fascinação e – IV, 34

Espírito preguiçoso
vampirização e – XVI, 100, nota

Espírito protetor
orientações do * no sono – IX, 59, 60, nota

Espírito sofredor
médium e – XI, 69, nota

Espírito Superior
ajustamento ao pensamento e – XXIII, 136
auxílio ao próximo e – VII, 47
vontade do médium e – VI, 45

Espiritualidade
identificação de luminares da – VIII, 55

Estude e viva, livro
Emmanuel, Espírito, e – III, 30, nota

Estudo
compreensão da mediunidade e * espírita – X, 61
importância do – V, 39

Ética espírita-cristã
mediunidade com Jesus e – IV, 35

Eulália, médium
André Luiz e – XIV.I, 82, notas
estado emocional e – XIV.I, 82, notas
mistificação e – XIV.I, 82, notas

Evangelho segundo o espiritismo, O, livro
Allan Kardec e – IX, 57; XLIII, 250
anjo guardião e – IX, 58, 59, nota
terapêutica desobsessiva e – XLIII, 250

Evocação
impedimento e – XIX, 116-117, nota
incidentes e – XIX, 113-114 notas, 115, notas
livro dos médiuns, O, e – XVIII, 111, nota
mistificações e – XVIII, 111
precaução e – XIX, 115, 117
tipos e – XIX, 117

Evolução em dois mundos, livro
André Luiz e – XVI, 97; XXVI, 153, nota; XXXIV, 194
linguagem dos desencarnados e – XXVI, 153
vampirismo e – XVI, 97

Faculdade mediúnica sonambúlica
Antonio Castro, médium, e – XXXVIII, 224, nota
compromissos assumidos e – XXXVIII, 224

Faculdade mediúnica
ver Mediunidade

Falácia
processos obsessivos e – XII, 72; XIII, 75, nota
significado da palavra – XII, 71-72

Fascinação
abertura psíquica e – XIII, 77
antídotos e – XII, 72-73
conceito e – XIII, 75
consequências e – XIII, 75
considerações sobre – XIII, 75-76, nota
Espíritos obsessores e – IV, 34
livro dos médiuns, O, e – XIII, 75
médium novato e – VIII, 52
obsessão, complexidade e – XII, 72
responsabilidade pelos atos e – XIII, 77, nota
sono fisiológico e – XIII, 76
sugestão hipnótica e – XIII, 75, 76

Felicidade
cooperação com Jesus e – IX, 60

Fenômeno anímico
André Luiz e – XV.I, 89
conceito e – XV, 88
fenômeno mediúnico e – XV.II, 93

Fenômeno mediúnico
conceito e – XV, 88, nota
fenômeno anímico e – XV.II, 93

Fenômeno metafísico
classificação e – XV, 88

Fenômeno sonambúlico
tipos e – XXXVIII, 220

Fluido vital
vampiro do astral e – XVI, 99

Fluxo elétrico-químico
mente-médium, mente-comunicante e – II, 26

Fobia
conceito e – V, 38

Freitas, Wantuil de
carta de Chico Xavier e – introd., 18
ex-presidente da FEB e – introd., 18

Galeno
glândula pineal e – XXIV, 142

Gardner, Howard, psicólogo
inteligência e – XXV, 148
Inteligências múltiplas: a teoria na prática, livro, e – XXV, 149

Glândula pineal *ver também* Epífise
André Luiz e – XXIV, 143, 144, nota
concepção médica e – XXIV, 143
considerações sobre – XXIV, 141, nota, 144, notas
Erasístrato e – XXIV, 142
Galeno e – XXIV, 142
informações do Plano Espiritual e – XXIV, 145
mediunidade com Jesus e – XXIV, 146
melatonina e – XXIV, 143
origem das percepções e – XXIV, 145
René Descartes e – XXIV, 142
transe e – XXIV, 143
Vedas, livros sagrados, e – XXIV, 142

Glossolalia
conceito e – XLI, 242

Grupo mediúnico *ver também* Equipe mediúnica
análise da mensagem e – XIV.I, 83
bons Espíritos e – VIII, 51
burilamento das percepções extrassensoriais e – VIII, 51-52
características das fases e – VIII, 52-55
conceito e * sério – VII, 47
contato direto com a família e – XVIII, 109, notas
desarticulação e – XII, 71
dirigentes espirituais e – VIII, 52
Espíritos inferiores e – XII, 71
fases e – VIII, 51
formação e – XXXIX, 232
líderes de falanges obsessoras e – VIII, 53

líderes de legiões obsessoras e – VIII, 54
maturidade e – VIII, 53, 54, nota
paciência e – VII, 48

Harmonia
procedimentos desejáveis e – VII, 48
restabelecimento e – XXXIV, 196

Hilário
mistificação inconsciente e – XV.I, 89, nota

Humildade
médium e – VI, 44

Inconsciente
penetração no * e Psicanálise – XXVII, 158, nota

Indutância mediúnica
André Luiz e – XXVIII.II, 164, nota; XXVIII.III, 166, nota
vontade-ativa e – XXVIII.II, 164

Inspiração
Léon Denis e – X, 62

Instinto de conservação
medo e – V, 38

Instruções psicofônicas
Arnaldo Rocha e – introd., 17, nota

Inteligência
Howard Gardner, psicólogo, e – XXV, 148
tipos e – XXV, 149

Inteligência interpessoal
características e – XXV, 149

Inteligência intrapessoal
características e – XXV, 150

Intercâmbio espiritual
facilitadores e – XXV, 151

Intuição
doutrinador e – XX, 120

Invisível, No, livro
elevação moral e – XI, 68
Léon Denis e – XI, 68, nota
obsessão e – XVI, 99-100, nota
recomendação ao doutrinador e – XXXIX, 232, nota

Jesus
conduta ética e mediunidade com – IV, 35
cooperação com * e felicidade – IX, 60
cruz e – introd., 19
serviço ao próximo pela mediunidade com – introd., 19
unidade divina e – VI, 43, nota

João, 13:34
amor e – XII, 73

João, o Batista
discípulo, Jesus e – VI, 43, nota
personalista e – VI, 43, nota

Kardec, Allan
doutrinador e – XXXIX, 232, nota
evangelho segundo o espiritismo, O, livro, e – IX, 58
livro dos espíritos, O, e – V, 38; XV, 86; XXIV, 145, nota
livro dos médiuns, O, e – IV, 34; XV, 86; XVI, 99; XVIII, 111, nota; XIX, 116; XXIII, 138, nota
Obras póstumas, livro, e – XXIII, 139

Leonardo
influência perturbadora e – XXXII, 182
Otávia, esposa, e – XXXII, 182

Libertação, livro
André Luiz e – VI, 43, nota; VII, 47, nota; XII, 71, nota; XIII, 75, nota; XXXIV, 193
Francisco Cândido Xavier e – XXXIV, 193, nota; XLII, 245, nota

Livre-arbítrio
respeito e – IV, 33; XI, 66

Livro dos espíritos, O
Allan Kardec e – V, 38; XV, 86; XXIV, 145, nota
animismo e – XV, 86
medo e – V, 38
pensamentos, atos e – XXIV, 145, nota

Livro dos médiuns, O
Allan Kardec e – IV, 34; XV, 86; XVI, 99; XVIII, 111, nota; XIX, 116; XXIII, 138, nota
animismo e – XV, 86
Erasto, Espírito, e – XV.II, 93, 94, nota
evocação e – XVIII, 111
fascinação e – XIII, 75
grupo sério e – VII, 47
perguntas feitas aos Espíritos e – IV, 34, nota
perturbações espirituais e – XVI, 99
rudimentos de percepção mediúnica e – XXIII, 138, nota
sonâmbulo, médium psicofônico sonambúlico e – XXXVIII, 219, 220, nota
Timóteo, Espírito, e – XV.II, 93, 94, nota

Lobo frontal
ciência moderna e – XXV, 148
função e – XXV, 148
inteligência inter e intrapessoal e – XXV, 149
lesões e – XV, 148
meditação, oração e – XXV, 151
organismo divino e – XXV, 147, nota
percepções sutilizadas da alma e – XXV, 151
proteção dos técnicos da espiritualidade e – XXV, 151

Loucura
    causa da – V, 38

Lucas, 14:26
    símbolo dos parentes e – III, 29-30

Luiz, André, médico espiritual
    aparelho magnético ultrassensível e – XXIX, 170, nota
    aparelhos na esfera espiritual e – XXIX, 170, nota
    atração magnética e – XXXV, 201, nota, 202, notas
    capacitância mediúnica e – XXVIII.III, 165, nota
    círculo vasto de entidades superiores e – introd., 18
    descrição do transe mediúnico e – XXXV, 199
    domínios da mediunidade, Nos, livro, e – IX, 57, nota; X, 61, nota; XV, 85, nota; XVII, 105; XXXVIII, 219; XXXVIII.I, 224, 225, nota
    Emmanuel, Bezerra de Menezes e supervisão da obra de – introd., 18
    Evolução em dois mundos, livro, e – XVI, 97; XXVI, 153, nota; XXXIV, 194
    fenômeno anímico e – XV.I, 89
    fracasso na tarefa do bem e – IV, 33
    identidade e – introd., 17, notas
    indutância mediúnica e – XXVIII.II, 164, nota
    iniciação e – introd., 17, 18, nota
    Francisco Cândido Xavier e – apres., 12; introd., 15
    glândula da vida espiritual do homem e – XXIV, 143, nota
    glândula pineal – XXIV, 143, 144, nota
    Libertação, livro, e – VI, 43, nota; VI, 47, nota; XII, 71, nota; XIII, 75, nota; XXXIV, 193
    linguagem dos desencarnados e – XXVI, 153
    livros pesquisados e série – introd., 15
    magnetização no transe mediúnico e – XXXIV, 193, nota
    Mecanismos da mediunidade, livro, e – XV.I, 90, nota
    mediunidade e – apres., 11, nota
    mediunidade sonambúlica e – XXXVIII, 221, nota
    mediunismo e – XXI, 127, nota
    médiuns desencarnados, Nosso Lar, e – III, 29
    mensageiros, Os, livro, e – I, 23, nota; II,25, nota; III, 28; IV, 33, nota, 34; V, 37, nota; VIII, 51, nota; XVIII, 109, nota; XXI, 123, nota
    mente e – XXV, 147
    Missionários da luz, livro, e – introd., 18; XI, 65, nota; XVI, 97, nota; XVI, 103; XIX, 113, nota; XXII, 129, nota; XXIII, 135,nota; XXIV, 141, nota; XXXIII, 188; XXXVII, 216, 217, nota
    mundo maior, No, livro, e – XIII, 79, nota; XV.I, 92, 93, nota; XXV, 147, nota; XXVII, 157, nota; XXIX, 169, nota
    oportunistas espirituais e – XI, 67, nota
    pródromos do transe mediúnico e – XXXIII, 187

projeto idealizado pelo Plano Superior e – introd., 15
resistência mediúnica e – XXVIII.I, 163, nota
supervisão da obra de – introd., 18
tempo de preparo mediúnico e – I, 24
vampirização recíproca e – XVI, 101-102, nota
Waldo Vieira e – introd., 15, nota

Magnetização

centros coronário, cerebral e laríngeo e – XXXIV, 196
transe mediúnico e – XXXIV, 193

Mandato mediúnico

conceito e – XXIX, 172

Mecanismos da mediunidade, livro

André Luiz e – XV.I, 90, nota; XXVIII, 161
Francisco Cândido Xavier e – XXVIII, 161, nota

Medicina Nuclear

estado fisiológico dos tecidos e – XXV, 150
tomografia computadorizada e – XXV, 150

Meditação

Léon Denis e – X, 62
lobos frontais e – XXV, 151

Médium

agravamento dos débitos e – I, 23
Alexandre, ministro, e – apres., 13, nota
alteração no padrão mental e – XXIII, 140
amadurecimento, equilíbrio e – VIII, 54
animismo e – XV, 85
aperfeiçoamento das qualidades pessoais e – XXVIII.III, 167
armadilhas das trevas e – IV, 33; XII, 72
arrepios, tremores difusos e – XXXV.I, 206
autodomínio e – XL, 236, nota, 237, notas, 238
autoeducação e – XXIII, 138, nota
boa vontade e – XXI, 127-128, nota
capacidade interpretativa e – XXVI, 153
capacidade receptiva e – XXXIV, 193, nota
características individuais e – XIV.I, 81
circuito mediúnico permanente e – XXVIII.III, 166, nota
companhias espirituais e * invigilante – XI, 65
comunicação da alma e – XV, 87
concentração e – XXVI, 154; XXVII, 158, 159
condensação de energias e cérebro do – XXXIII, 188, nota
confiança dos orientadores espirituais e – XXIX, 170
confusão mental e – XXXV, 202
construção da própria missão e – IX, 60

cooperação do * de sustentação – XXXV, 203, nota
credibilidade e – IX, 57
crítica, maturidade emo-
cional e – VI, 45
desdobramento e – VIII, 54
desejos, renúncia e – III, 30
desenvolvimento do * e futuro
do Espiritismo – XXIII, 139
desgaste fluídico e –
XXXVI, 210, notas
destaque, autopromo-
ção e – VI, 44
dilatação das percepções
sensoriais e – II, 25
dirigentes de colônias trevosas e – VIII, 54
domínio do Espírito comunicante
e – XXXVII, 214, 215, nota
elevação da frequência mental e – XXXV.I, 204, nota
equipe de Espíritos téc-
nicos e – II, 27
especialização mediúnica
e – XV.III, 94; XX, 119
espectro mental e – XXIX, 169
Espíritos sofredores
e – XI, 69, nota
estruturação físico-men-
tal e – II, 26
exemplo, conhecimento su-
perior e – IV, 35
exposição às comunica-
ções e – XIX, 115
facilidade de sintonia e – XIV.I, 81
falência e – III, 29
fascinação e – VIII, 52
fidelidade e – XXI, 123
fluxo elétrico-químico e – II, 26
formação e – I, 23, nota
grau de passividade e – XXI, 127
humildade e – VI, 44

identificação do próprio pensamento e – XXXVII,
215, 216, nota, 217
imunização e * amadu-
recido – VIII, 55
indagações frívolas e – IV, 34
isolamento mental e –
XXVII, 158, notas
justaposição do perispírito do comunicante com o
do – XXXV, 200, nota
ligação do Espírito comunicante à
mente do – XXXIII, 191, nota
ligação psíquica do manifestante e – XXXII, 182
mal-estar repentino e
– XXXIII, 189
melindre e – VII, 48
mente mediúnica e – I, 24
mistificação e – XIV, 79
objetivo da encarnação e – I, 23
obsessão e – VI, 44; XVII, 106
obsessores no Mundo
Espiritual e – IV, 35
obsessores oportunistas e
* novato – VIII, 52
passista e * esclarece-
dor – XX, 120
patrimônio e – XXVI, 154
paz consciencial e – IX, 60
percepção metafísica e – I, 24
percepções mediúnicas e –
XXVIII.III, 168, nota
personalismo e – VI, 43-45
preparação do * para o transe
psicográfico – XXXIII, 188
preparo anterior à reen-
carnação e – I, 24
preparo do * no Plano
Espiritual – I, 24
projeto reencarnatório e – I, 24
proteção magnética e – XXV, 147

queixa do * neófito – XXX, 174
recato e – XXXIII, 190
recepção do * e questiona-
    mento – XXVI, 154
recomendação ao * psico-
    fônico – XXXI, 177
recomposição e – II, 27
renúncia, responsabilidade
    e – XXVIII.III, 167, nota
resgate do passado e – VI, 44
resposta mental do * e circuito
    mediúnico – XXXI, 177
reunião de desobsessão e * psi-
    cofônico – XXXII, 183
sensibilidade apura-
    da e – II, 25, 26
situação do * após a desencar-
    nação – IV, 34, 35, nota
suporte ao embate flu-
    ídico e – I, 24
tarefa missionária e – I, 23
terapia de choque e – XLII, 247
transe anímico e * en-
    fermo – XV.I, 88
tratamento perispiritual e – II, 25
vaidade e – VI, 44
vigília e – II, 26

Médium consciente

conceito e – XXXVII, 213,
    214, nota, 215, nota
domínio pessoal e –
    XXXVII, 217, nota
Espíritos obsessores e – V, 40-41
estado consciencial de vigí-
    lia e – XXXVII, 217

Médium de desobsessão

preparação psíquica e –
    XLIII, 250, 251, nota

Médium de incorporação

médium esclarecedor e –
    XXXIX, 231, nota

Médium esclarecedor

médium de incorporação
    e – XXXIX, 231, nota

Médium psicofônico

centro de força larín-
    geo e – XXXIV, 194
circuito mediúnico aberto
    e – XXXIX, 230, nota
médium falante e – introd., 17

Médium psicofônico sonambúlico

considerações sobre –
    XXXVIII, 220, nota
sonâmbulo, * e *livro dos médiuns,
    O,* – XXXVIII, 219, 220, nota

Mediunidade

Alexandre, ministro, e –
    apres., 13, nota
André Luiz e – apres., 11, nota
aperfeiçoamento espiri-
    tual e – apres., 11
compreensão da * e estu-
    do espírita – X, 61
conceito e – apres., 11; VII, 47
conduta ética e * com
    Jesus – IV, 35
desenvolvimento e – XVII, 105
eclosão e – XXII, 130-131
educação da *e renovação
    da alma – XXIII, 139

Emmanuel, Espírito, e –
  XXIV, 144, nota
Epífise, glândula da – XXIV, 141
Espiritismo e – VII, 47
espontaneidade e – XIX, 113
estudo, sentimentos elevados e – X, 61
etapa de adestramento e – VIII, 52
etapa intermediária e – VIII, 52
exercício da * cristã – IX, 60
faculdades simultâneas e sinais de – XX, 119
função orgânica involuntária e – XXIV, 144
função precípua e – XXXI, 179
gérmens e – XXIII, 138
glândula pineal e * com Jesus – XXIV, 146
importância do estudo e – X, 63
interpretação espírita e – apres., 11
Léon Denis e boa – X, 63, nota
manifestação da * produtiva – II, 26
medo e – V, 39
prova da * e Alexandre Aksakof – XV, 88
prova da * e Ernesto Bozzano – XV, 88
prova da * e Gabriel Delanne – XV, 88
qualidade moral do indivíduo e – V, 41
reajuste pessoal e – II, 26
sentidos orgânicos e – XXIV, 144
serviço ao próximo pela * com Jesus – introd., 19
serviço na * e cruz – introd., 19, nota
utilização indevida e – XXXIV, 196
vida de renúncia e – I, 24
Mediunidade de incorporação *ver* Psicofonia

Mediunidade e sintonia, livro

Emmanuel, Espírito, e – VIII, 53
maturidade do grupo mediúnico e – VIII, 53, 54, nota

Mediunidade falante *ver* Psicofonia

Mediunidade poliglota *ver* Xenoglossia

Mediunidade sonambúlica

André Luiz e – XXXVIII, 221, nota
considerações sobre – XXXVIII, 221-223, nota

Mediunismo

André Luiz e – XXI, 127, nota

Medo

abalo de cérebros delicados e – V, 38
abandono da prática mediúnica e – V, 37
animismo e – V, 40
aprendizado negativo e – V, 39
complicador do serviço mediúnico e – V, 37
crítica e – V, 40

Espiritismo e – V, 39
fobia social e – V, 37
instinto de conservação e – V, 38
mecanismo natural de preservação e – V, 37
mediunidade e – V, 39
método educacional e – V, 38
obsessão e – V, 40
religião e – V, 38, 39
vitória e – V, 41

Melatonina
considerações sobre – XXIV, 143
glândula pineal e – XXIV, 143

Menezes, Bezerra de, Espírito
projeto idealizado pelo Plano Superior e – introd., 15
supervisão da obra de André Luiz e – introd., 18
Yvonne Pereira e – IX, 57

Mensageiros, Os, livro
André Luiz e – IV, 34
Francisco Cândido Xavier e – I, 23, nota; II, 25, nota; III, 29, nota; IV, 33, nota, 35; V, 37, nota; VIII, 51, nota; XVIII, 109, nota, 110; XXI, 123, nota; XXX, 173, nota; XL, 235, nota

Mensagem psicofônica
fatores interferentes e – XIX, 115
interferência anímica e – XV.IV, 96

Mente
ampliação dos potenciais e – XXIII, 137

Mente-médium
mente-comunicante, * e fluxo elétrico-químico – II, 26

Mentor ver Dirigente espiritual

Mérito
créditos espirituais e – XVIII, 111; XIX, 114

Mestre ver Jesus

Mestre de Amor ver Jesus

Missão
médium e construção da própria – IX, 60

Missionários da luz, livro
André Luiz e – introd., 18; XI, 65; XVI, 97, nota; XIX, 113, nota; XXII, 129, nota; XXIII, 135, nota; XXIV, 141, nota; XXXI, 178; XXXII, 181; XXXIII, 188
Francisco Cândido Xavier e – introd., 18; XXXII, 181, nota; XXXIII, 187, nota; XXXV, 199, nota
médiuns invigilantes e – XI, 65
vampirismo e – XVI, 97

vampirização e – XVI, 103

Mistificação
André Luiz e – XIV.I, 80
animismo e – XV.IV, 96
conceito e – XIV, 79
consequências e – XIV, 80
consolador, O, livro,
  e – XIV, 80, nota
evocações e – XVIII, 111
exercício da mediuni-
  dade e – XIV, 79
Hilário e * inconscien-
  te – XV.I, 89, nota
médiuns, pacientes da desobsessão e –XXXI, 177
origem e – XIV, 80

Monoideísmo
Espírito comunican-
  te e – XLII, 245
vampirização e – XVI, 103

Moral
perispírito e marcas da
  dor – XX, 120

Mundo maior, No, livro
André Luiz e – XV.I, 90
Francisco Cândido Xavier
  e – XIII, 79, nota; XV.I, 92;
  XXV, 147, nota; XXVII, 157,
  nota; XXIX, 169, nota
incompreensão do fenômeno anímico e – XV.I, 92, 93, nota

Neuroanatomia
Andrew Newberg, cien-
  tista, e – XXV, 150
Eugene D'Aquili, cientis-
  ta, e – XXV, 150

Newberg, Andrew, cientista
neuroanatomia e – XXV, 150

Nosso Lar, colônia espiritual
Alexandre, ministro, e –
  apres., 13, nota
André Luiz, médiuns desencarnados e – III, 29
Chico Xavier e zona hospitalar
  da cidade –introd., 18, nota
identidade de André Luiz
  e – introd., 17, notas

Domínios da mediunidade, Nos, livro
transe psicofônico e – XXXV, 200

Obras póstumas, livro
Allan Kardec e – XXIII, 139
curso regular de Espiritismo
  e – XXIII, 139, nota

Obsessão
compromisso mediúni-
  co e – XVII, 105
conceito e – XLIII, 249
invisível, No, livro, e –
  XVI, 99-100, nota
médium novato e – XVII, 106

medo e – V, 40
sonambulismo e – XXXVIII.I, 224–226, notas, 227
tratamento médico e – XVII, 106

Obsessor
favorecimento da ação e – XVII, 106
sintonia do Espírito encarnado e – XI, 66

Obsessor-vampiro
contaminação do perispírito e – XVI, 103
ligação mental entre * encarnado – XVI, 100, nota

Olho de Hórus
clarividência e – XXIV, 142

Oração
lobos frontais e – XXV, 151

Otávia, médium
captação mediúnica e – XXXVII, 217, nota
comparecimento à sessão mediúnica e – XXXII, 181-183, nota
Espírito comunicante e – XIV.I, 82, 83,nota; XXXI, 178, nota
Leonardo, esposo, e – XXXII, 182

Ovoide
enfermidade psicoespiritual e – XVI, 104

Parnaso de além-túmulo, livro
Augusto dos Anjos e – III, 31
Francisco Cândido Xavier e – III, 31; XXI, 124-125, nota

Passe
aplicação de * e transe mediúnico – XL, 236, nota
duração e – XXXVI, 209
função do * após o transe mediúnico – XXXVI, 209
normalização perispiritual e orgânica e – XXXIV, 196
sistema nervoso e – XXXIII, 187, nota

Passista
médiuns esclarecedores e – XX, 120

Pastorino, Carlos Torres
Sabedoria do evangelho, livro, e – III, 29, nota

Pavlov, Ivan
comportamentos reflexos e – XXXVIII.I, 226, nota

Paz
médium e * consciencial – IX, 60

Pensamento
ajustamento ao * do Espírito Superior – XXIII, 136
assédio de mentes oportunistas e – XXIV, 145

decodificação do * do Espíritocomunicante – XXVI, 154
emissão e captação de – XXIX, 170, nota
funil de luz e – XXIX, 170, nota
melhoria do próprio * e hábitos – XXIII, 137, notas
radiações em frequências específicas e – XXIX, 170
renovação do * em equipe – VII, 49
materialização do * e signos linguísticos – XXVI, 154

Perdão
Yvonne Pereira e – IX, 58, nota

Pereira, Yvonne
Bezerra de Menezes, Espírito, e – IX, 57
Charles, Espírito, e – IX, 57
Devassando o invisível, livro, e – IX, 57
experiência mediúnica e – XXI, 124, nota
Léon Denis, Espírito, e – IX, 57
Memórias de um suicida, livro, e – XLII, 247, nota
perdão e – IX, 58, nota
testemunhos e – IX, 58

Perispírito
Centro vital e – XXXIV, 196
energias deletérias e – XXXV, 202, 203, nota
justaposição do * do comunicante com o do médium – XXXV, 200, nota, 206
marcas da dor moral e – XX, 120
natureza do preparo de André Luiz e – I, 24
obsessor-vampiro e contaminação do – XVI, 103

Persona
significado da palavra – VI, 43

Personalista
conceito e – VI, 44

Perturbação espiritual
classificação e – XVI, 99

Plano Espiritual
tempo de preparo do médium e – I, 24

Plexo solar
recursos perispirituais do médium e – XXXV.I, 204, 205, nota

Processo hipnótico
agente e – XIII, 77

Psicofonia
conceito e – introd., 16; XXXV, 201
entidades enfermas e – XXXVI, 209
envolvimento fluídico protetor e – XXXIII, 188, nota
mediunidade e – apres., 12
processo e – XXVI, 154, 155
tipos e – XX, 119, nota

Psicofonia na obra de André Luiz, livro

aspectos gerais da prática mediúnica e – apres., 12
consequências intelectuais e morais e – introd., 16
intercâmbio com o Mundo Espiritual e – introd., 16
Jacobson Sant'Ana Trovão e – apres., 12
técnica psicofônica e – apres., 12

Psicofonia sonambúlica

considerações sobre – XXXVIII, 220, 221, nota
domínio da mediunidade, Nos, livro, e – XXXVIII, 219

Psicografia

tipos e – XX, 119

Psicossoma *ver* Perispírito

Quociente Intelectual(QI)

Alfred Binet, psicólogo, e – XXV, 148-149

Reencarnação

médium e preparo anterior à – I, 24

Religião

medo e – V, 38, 39

Remédio

silêncio da separação e – XVIII, 110

Renúncia

Emmanuel e * aos desejos – III, 30, nota
Léon Denis e – XI, 68
vida de * e mediunidade – I, 24

Resistência mediúnica

conceito e – XXVIII.I, 163, notas; XXVIII.III, 165

Richet, Charles, professor

xenoglossia e – XLI, 241

Rocha, Arnaldo

Chico Xavier, mandato de amor, livro, e – introd., 16
instruções psicofônicas e – introd.,17, nota
utilização da palavra psicofonia e – introd., 16

Roda *ver* Chacra

Sabedoria do evangelho, livro

Carlos Torres Pastorino e – III, 29, nota

Seabra, Alberto, Espírito

Chico Xavier e – III, 30, nota
desejos e – III, 30, nota

Seara espírita
abandono e – XXXII, 183

Sensibilidade
autodomínio e – II, 26
corpo físico e – II, 25
médium e * apurada – II, 26

Serviço mediúnico
complicador do * e medo – V, 37

Sessão de assistência desobsessiva
considerações sobre – XX, 120

Sessão de desobsessão
médium esclarecedor e – XXXIX, 229, 230, nota

Sessão de educação mediúnica
admissão e – XXII, 131

Sessão de estudo
manifestações e – XL, 235, nota

Sessão mediúnica
convite de entidade e – XXXI.I, 180
imprevistos, contratempos e – XXXII, 182
improvisação e – XXXI.I, 179, nota

Schubert, Suely Caldas
Testemunhos de Chico Xavier, livro, e – introd., 18, 19, nota

Sintonia
aperfeiçoamento e – XXXI, 178
base da – XXVII, 157
compreensão do mecanismo de * mediúnica – XXXI, 178
estabelecimento de * contínua – XXIX, 170
sessões de desobsessão e – XI, 68
transe mediúnico e – XXVIII.III, 165

Sistema nervoso
constituição e – XXXIII, 188, nota
função do * simpático – XXXIII, 188
passe e – XXXIII, 187, nota

Sociedade
importância da Doutrina Espírita e futuro da – XXIII, 139

Sombra
cárceres de * e percepções avançadas XXIII, 137, nota

Sonambulismo
considerações sobre – XXXVIII, 220
domínios da mediunidade, Nos, livro, e – XXXVIII.I, 224, 225, nota
faculdade mediúnica e – XXXVIII, 219, 220 nota

obsessão e – XXXVIII.I, 224–226, notas, 227

Sonâmbulo

considerações sobre – XXXVIII, 219, 220, nota
livro dos médiuns, O, * e médium sonambúlico psicofônico – XXXVIII, 219, 220, nota

Sono

comandos hipnóticos e – XII, 72
orientações do Espírito protetor e – IX, 59, 60, nota
tarefas socorristas durante o – XI, 67

Sugestão hipnótica

base da fascinação e – XIII, 75

Taylor, Jill B., cientista

Cientista que curou seu próprio cérebro, A, Livro, e – XXV, 150

Terapia desobsessiva

conceito e – XLIII, 249
fatores essenciais para o êxito da – XLIII, 250-252, nota

Testemunhos de Chico Xavier, livro

Suely Caldas Schubert e – introd., 18, 19, nota

Timóteo, Espírito

livro dos médiuns, O, e – XV.II, 93, 94, nota

Transe anímico

psicofonia sonambúlica e – XXXVIII.I, 227

Transe anímico-sonambúlico

miasmas perispirituais do algoz e – XXXVIII.I, 226, nota

Transe mediúnico

André Luiz e – XXXV, 199
capacitância mediúnica e – XXVIII.III, 165
circuito mediúnico e – XXVIII, 162
complexidade e – XXXV.I, 208
domínio sobre si próprio e – XL, 236, nota
educação das faculdades psíquicas e – XXIII, 136
entidades oportunistas e * imprevisto – XXXI.I, 180
função do passe após – XXXVI, 209
glândula pineal e – XXIV, 143
indução ao – XXXIX, 230
indutância mediúnica e – XXVIII.II, 164
influxo sugestivo e – XXVII, 158, notas
inibições e – XXVII, 159
liberdade no * sem autocensura – V, 40
magnetização e – XXXIV, 193
pródromos e – XXXIII, 187

serenidade após – II, 26
visitas a enfermos e – XXXI.I, 180

Transe psicofônico

centros coronário, cerebral e laríngeo e – XXXIV, 196
circuito elétrico e – XXXV.I, 205, 206, nota
domínios da mediunidade, Nos, livro e – XXXV, 200
Espírito elevado e – XXXV.I, 203, 204, nota

Transe psicográfico

preparação do médium e – XXXIII, 188

Trovão, Jacobson Sant'Ana

Espírito Marinho e – introd., 19, nota
perfil e – apres., 12
Psicofonia na obra de André Luiz, livro, e – apres., 12

Vaidade

médium e – VI, 44

Vampirismo

Evolução em dois mundos, livro, e – XVI, 97
fascinação, subjugação e – XVI, 99
importância do estudo e – XVI, 104
Missionários da luz, livro, e – XVI, 97
obsessão e – XVI, 97-98, nota

Vampirização

André Luiz e * recíproca – XVI, 101-102, nota
antídotos e – XI, 67
Espíritos preguiçosos e – XVI, 100, nota
Missionários da luz, livro, e – XVI, 103
monoideísmo e – XVI, 103
pensamentos viciosos e – XI, 67

Vampiro

Fluido vital e * do astral – XVI, 99
significado da palavra – XVI, 97

Vedas, livros sagrados

glândula pineal e – XXIV, 142

Vibração

abrandamento da * e Espírito elevado – XXXV.I, 203

Vício

resposta dos Espíritos e * cultivado – IV, 33

Vida

conhecimento da Doutrina Espírita e compreensão da – XXIII, 139

Vieira, Waldo

André Luiz e – introd., 15

Virtude
progresso e – XXIII, 138, nota

Voltei, livro
primeiros contatos de Chico Xavier com André Luiz e – introd., 17

Vontade
libertação das sugestões inferiores e – XI, 68

Xavier, Francisco Cândido
Alberto Seabra, Espírito, e – III, 30, nota
André Luiz e – apres., 12; introd., 15
Desobsessão, livro, e – XV.III, 94, nota; XX, 119, nota; XXXI, 177, nota; XXXVI, 209, nota; XXXIX, 229, nota
domínios da mediunidade, Nos, livro, e – XXXVII, 217; XXXVIII, 219, nota; XLI, 241, nota; XLIII, 249, nota
experiência mediúnica e – XXI, 124-125, nota
identidade de André Luiz e – introd., 17
Libertação, livro, e – XXXIV, 193, nota; XLII, 245, nota
Mecanismos da mediunidade, livro, e – XXVIII, 161, nota
mensageiros, Os, livro, e – I, 23, nota; II, 25, nota; III, 29, nota; IV, 33, nota, 35; V, 37, nota; VIII, 51, nota; XVIII, 109, nota, 110; XXI, 123, nota; XXX, 173, nota; XL, 235, nota
Missionários da luz, livro, e – introd., 18; XXXII, 181, nota; XXXIII, 187, nota; XXXV, 199, nota
mundo maior, No, livro, e – XV, 93; XXI, 127, 128; XXV, 147, 148; XXVII, 157, nota; XXIX, 169, nota
Parnaso de além-túmulo, livro, e – III, 31; XXI, 124-125, nota
primeiros contatos de * com André Luiz – introd., 17
Voltei, livro, e – introd., 17
zona hospitalar da cidade Nosso Lar e –introd., 18, nota

Xenoglossia
Bíblia e – XLI, 241, nota
Charles Richet, professor, e – XLI, 241
classificação e – XLI, 243, 244, nota
conceito e – XLI, 241, nota, 242, nota
considerações sobre – XLI, 241, 242, nota
forças do passado e – XLI, 243, nota
recursos anímicos e – XLI, 243, nota

Xenoglossia, livro
Ernesto Bozzano e – XLI, 241

O QUE É ESPIRITISMO?

O Espiritismo é um conjunto de princípios e leis revelados por Espíritos Superiores ao educador francês Allan Kardec, que compilou o material em cinco obras que ficariam conhecidas posteriormente como a Codificação: *O livro dos espíritos*, *O livro dos médiuns*, *O evangelho segundo o espiritismo*, *O céu e o inferno* e *A gênese*.

Como uma nova ciência, o Espiritismo veio apresentar à Humanidade, com provas indiscutíveis, a existência e a natureza do Mundo Espiritual, além de suas relações com o mundo físico. A partir dessas evidências, o Mundo Espiritual deixa de ser algo sobrenatural e passa a ser considerado como inesgotável força da Natureza, fonte viva de inúmeros fenômenos até hoje incompreendidos e, por esse motivo, são tidos como fantasiosos e extraordinários.

Jesus Cristo ressaltou a relação entre homem e Espírito por várias vezes durante sua jornada na Terra, e talvez alguns de seus ensinamentos pareçam incompreensíveis ou sejam erroneamente interpretados por não se perceber essa associação. O Espiritismo surge então como uma chave, que esclarece e explica as palavras do Mestre.

A Doutrina Espírita revela novos e profundos conceitos sobre Deus, o Universo, a Humanidade, os Espíritos e as leis que regem a vida. Ela merece ser estudada, analisada e praticada todos os dias de nossa existência, pois o seu valioso conteúdo servirá de grande impulso à nossa evolução.

O LIVRO ESPÍRITA

Cada livro edificante é porta libertadora.

O livro espírita, entretanto, emancipa a alma nos fundamentos da vida.

O livro científico livra da incultura; o livro espírita livra da crueldade, para que os louros intelectuais não se desregrem na delinquência.

O livro filosófico livra do preconceito; o livro espírita livra da divagação delirante, a fim de que a elucidação não se converta em palavras inúteis.

O livro piedoso livra do desespero; o livro espírita livra da superstição, para que a fé não se abastarde em fanatismo.

O livro jurídico livra da injustiça; o livro espírita livra da parcialidade, a fim de que o direito não se faça instrumento da opressão.

O livro técnico livra da insipiência; o livro espírita livra da vaidade, para que a especialização não seja manejada em prejuízo dos outros.

O livro de agricultura livra do primitivismo; o livro espírita livra da ambição desvairada, a fim de que o trabalho da gleba não se envileça.

O livro de regras sociais livra da rudeza de trato; o livro espírita livra da irresponsabilidade que, muitas vezes, transfigura o lar em atormentado reduto de sofrimento.

O livro de consolo livra da aflição; o livro espírita livra do êxtase inerte, para que o reconforto não se acomode em preguiça.

O livro de informações livra do atraso; o livro espírita livra do tempo perdido, a fim de que a hora vazia não nos arraste à queda em dívidas escabrosas.

Amparemos o livro respeitável, que é luz de hoje; no entanto, auxiliemos e divulguemos, quanto nos seja possível, o livro espírita, que é luz de hoje, amanhã e sempre.

O livro nobre livra da ignorância, mas o livro espírita livra da ignorância e livra do mal.

---

[1] Página recebida pelo médium Francisco Cândido Xavier, em reunião pública da Comunhão Espírita Cristã, na noite de 25/2/1963, em Uberaba (MG), e transcrita em *Reformador*, abr. 1963, p. 9.

O EVANGELHO NO LAR

Quando o ensinamento do Mestre vibra entre quatro paredes de um templo doméstico, os pequeninos sacrifícios tecem a felicidade comum.[1]

Quando entendemos a importância do estudo do Evangelho de Jesus, como diretriz ao aprimoramento moral, compreendemos que o primeiro local para esse estudo e vivência de seus ensinos é o próprio lar.

É no reduto doméstico, assim como fazia Jesus, no lar que o acolhia, a casa de Pedro, que as primeiras lições do Evangelho devem ser lidas, sentidas e vivenciadas.

O espírita compreende que sua missão no mundo principia no reduto doméstico, em sua casa, por meio do estudo do Evangelho de Jesus no Lar.

Então, como fazer?

Converse com todos que residem com você sobre a importância desse estudo, para que, em família, possam compreender melhor os ensinamentos cristãos, a partir de um momento de união fraterna, que se desenvolverá de maneira harmônica e respeitosa. Explique que as reflexões conjuntas acerca do Evangelho permitirão manter o ambiente da casa espiritualmente saneado, por meio de sentimentos e pensamentos elevados, favorecendo a presença e a influência de Mensageiros do Bem; explique, também, que esse momento facilitará, em sua residência, a recepção do amparo espiritual, já que auxilia na manutenção de elevado padrão vibratório no ambiente e em cada um que ali vive.

Convide sua família, quem mora com você, para participar. Se mora sozinho, defina para você esse momento precioso de estudo e reflexões. Lembre-se de que, espiritualmente, sempre estamos acompanhados.

Escolha, na semana, um dia e horário em que todos possam estar presentes.

O tempo médio para a realização do Evangelho no Lar costuma ser de trinta minutos.

---

[1] XAVIER, Francisco Cândido. *Luz no lar*. Por Espíritos diversos. 12. ed., 7. imp. Brasília: FEB, 2018. Cap. 1.

As crianças são bem-vindas e, se houver visitantes em casa, eles também podem ser convidados a participar. Se não forem espíritas, apenas explique a eles a finalidade e importância daquele momento.

O seguinte roteiro pode ser utilizado como sugestão:

1. Preparação: Leitura de mensagem breve, sem comentários;
2. Início: Prece simples e espontânea;
3. Leitura: *O evangelho segundo o espiritismo* (um ou dois itens, por estudo, desde o prefácio);
4. Comentários: breves, com a participação dos presentes, evidenciando o ensino moral aplicado às situações do dia a dia;
5. Vibrações: pela fraternidade, paz e pelo equilíbrio entre os povos; pelos governantes; pela vivência do Evangelho de Jesus em todos os lares; pelo próprio lar...
6. Pedidos: por amigos, parentes, pessoas que estão necessitando de ajuda...
7. Encerramento: prece simples, sincera, agradecendo a Deus, a Jesus, aos amigos espirituais.

As seguintes obras podem ser utilizadas nesse momento tão especial:

- *O evangelho segundo o espiritismo*, como obra básica;
- *Caminho, verdade e vida; Pão nosso; Vinha de luz; Fonte viva; Agenda cristã.*

Esse momento no lar não se trata de reunião mediúnica e, portanto, qualquer ideia advinda pela via da intuição deve permanecer como comentário geral, a ser dito de maneira simples, no momento oportuno.

No estudo do Evangelho de Jesus no Lar, a fé e a perseverança são diretrizes ao aprimoramento moral de todos os envolvidos.

CARIDADE: AMOR EM AÇÃO

S℮d℮ bons ℮ caridosos: essa a chave que tendes em vossas mãos. Toda a eterna felicidade se contém nesse preceito: "Amai-vos uns aos outros". KARDEC, Allan. *O evangelho segundo o espiritismo*, cap. 13, it. 12.

A Federação Espírita Brasileira (FEB), em 20 de abril de 1890, iniciou sua *Assistência aos Necessitados* após sugestão de Polidoro Olavo de S. Thiago ao então presidente Francisco Dias da Cruz. Durante 87 anos, esse atendimento representava o trabalho de auxílio espiritual e material às pessoas que o buscavam na instituição. Em 1977, esse serviço passou a chamar-se Departamento de Assistência Social (DAS), cujas atividades assistenciais nunca se interromperam.

Desde então, a FEB, por seu DAS, desenvolve ações socioassistenciais de proteção básica às famílias em situação de vulnerabilidade e risco socioeconômico. Fortalece os vínculos familiares por meio de auxílio material e orientação moral-doutrinária com vistas à promoção social e crescimento espiritual de crianças, jovens, adultos e idosos.

Seu trabalho alcança centenas de famílias. Doa enxovais para recém-nascidos, oferece refeições, cestas de alimentos, cursos para jovens, serviços de convivência e fortalecimento de vínculos para idosos e organiza doações de itens que são recebidos na instituição e repassados a quem necessitar.

Essas atividades são organizadas pelas equipes do DAS e apoiadas com recursos financeiros da instituição, dos frequentadores da casa e por meio de doações recebidas, num grande exemplo de união e solidariedade.

Seja sócio contribuinte da FEB, adquira suas obras e estará colaborando com o seu Departamento de Assistência Social.

PSICOFONIA NA OBRA DE ANDRÉ LUIZ

EDIÇÃO	IMPRESSÃO	ANO	TIRAGEM	FORMATO
1	1	2016	5.000	16x23
1	2	2017	4.000	16x23
1	3	2020	1.000	16x23
1	POD*	2021	POD	16x23
1	5	2022	1.300	15,5x23
1	IPT**	2023	150	15,5x23
1	IPT	2023	250	15,5x23
1	IPT	2023	400	15,5x23
1	7	2024	1.000	15,5x23
1	8	2024	1.000	15,5x23
1	9	2025	1.000	15,5x23

* Impressão por demanda
** Impressão pequenas tiragens

FEB editora
Livro espírita para um novo mundo
www.febeditora.com.br
@febeditoraoficial
@febeditora

Conselho Editorial:
*Carlos Roberto Campetti
Cirne Ferreira de Araújo
Evandro Noleto Bezerra
Geraldo Campetti Sobrinho – Coord. Editorial
Jorge Godinho Barreto Nery – Presidente
Maria de Lourdes Pereira de Oliveira
Miriam Lúcia Herrera Masotti Dusi*

Produção Editorial:
Elizabete de Jesus Moreira

Revisão:
Davi Miranda

Capa, Projeto Gráfico e Diagramação:
João Guilherme Andery Tayer

Foto de capa:
www.istockphoto.com | Renphoto

Normalização técnica:
Biblioteca de Obras Raras e Documentos Patrimoniais do Livro

Esta edição foi impressa pela A. S. Pereira Gráfica e Editora Ltda., Presidente Prudente, SP, com tiragem de 1 mil exemplares, todos em formato fechado de 155x230 mm e com mancha de 117x192 mm. Os papéis utilizados foram Off white bulk 58 g/m² para o miolo e o Cartão 250 g/m² para a capa. O texto principal foi composto em Sabon LT 13/17 e os títulos em Akzent-CondLight 36/39. Impresso no Brasil. *Presita en Brazilo.*